PAULO
e a
IGREJA DE TESSALÔNICA

PAULO
e a
IGREJA DE TESSALÔNICA

Leonardo Agostini Fernandes

PAULO
e a
IGREJA DE TESSALÔNICA

Vivência da paz e da alegria do Evangelho

Dados Internacionais de Catalogação na Publicação (CIP)
(Câmara Brasileira do Livro, SP, Brasil)

Fernandes, Leonardo Agostini
  Paulo e a igreja de Tessalônica : vivência da paz e da alegria do
Evangelho / Leonardo Agostini Fernandes. – São Paulo : Paulinas, 2017.

  Bibliografia.
  ISBN: 978-85-356-4282-7

  1. Bíblia. N.T. Epístolas de Paulo - Teologia 2. Bíblia. N.T.
Tessalonicenses, 1. - Crítica e interpretação 3. Fé (Cristianismo) I. Título.

17-02362   CDD-227.8106

Índice para catálogo sistemático:
1. Tessalonicenses, 1 : Epístolas paulinas : Interpretação e crítica   227.8106

1ª edição – 2017

Direção-geral:	Bernadete Boff
Conselho Editorial:	Dr. Antonio Francisco Lelo
	Dr. João Décio Passos
	Maria Goretti de Oliveira
	Dr. Matthias Grenzer
	Dra. Vera Ivanise Bombonatto
Editora responsável:	Vera Ivanise Bombonatto
Copidesque:	Mônica Elaine G. S da Costa
Coordenação de revisão:	Marina Mendonça
Revisão:	Ana Cecília Mari
Gerente de produção:	Felício Calegaro Neto
Projeto gráfico:	Jéssica Diniz Souza

*Nenhuma parte desta obra poderá ser reproduzida ou transmitida
por qualquer forma e/ou quaisquer meios (eletrônico ou mecânico,
incluindo fotocópia e gravação) ou arquivada em qualquer sistema ou
banco de dados sem permissão escrita da Editora. Direitos reservados.*

Paulinas
Rua Dona Inácia Uchoa, 62
04110-020 – São Paulo – SP (Brasil)
Tel.: (11) 2125-3500
http://www.paulinas.com.br – editora@paulinas.com.br
Telemarketing e SAC: 0800-7010081
© Pia Sociedade Filhas de São Paulo – São Paulo, 2017

Que Deus mesmo, nosso Pai – e o Senhor nosso Jesus –, guie nosso caminho até vós. E que o Senhor vos faça crescer e ir além em caridade uns pelos outros e para com todos, do mesmo modo que nós para convosco, a fim de confirmar vossos corações em santidade irrepreensível diante de Deus, nosso Pai, por ocasião da vinda do Senhor nosso Jesus com todos os seus santos. Amém!

1Ts 3,11-13

Sumário

Introdução 9

Parte I
Pressupostos hermenêuticos

1. Jesus Cristo, a Igreja e o discipulado 15

2. A fé em Jesus Ressuscitado transformou Paulo 31

3. Inaugura-se o Novo Testamento 35

4. A estrutura e o conteúdo de 1Ts 39

5. Relações entre 1Ts e os Evangelhos 43

6. A cidade de Tessalônica 47

7. Cronologia 51

Parte II
Hermenêutica dos textos

1. Ação de graças (1,2-10) 55

2. Memória do anúncio do Evangelho (2,1-12) 63

3. Recepção da Palavra de Deus (2,13-16) 69

4. Aos olhos do coração (2,17–3,5) 73

5. Firmes no Senhor (3,6-10) 79

6. O desejo se fez oração (3,11-13) 83

7. Esta é a vontade de Deus: vossa santificação (4,1-8) 87

8. Fraternidade e trabalho honesto (4,9-12) 93

9. Cremos que Jesus morreu e ressuscitou (4,13-18) 97

10. Vigilância e constância na fé (5,1-11) 103

11. O que fazer e o que evitar (5,12-22) 109

12. Assim me despeço (5,23-28) 115

Considerações finais 121

Referências bibliográficas 125

Introdução

Entre Paulo e os fiéis de Tessalônica encontra-se a *Primeira Carta aos Tessalonicenses*. Um texto capaz de surpreender em diversos aspectos. A linguagem usada, por exemplo, permite ao ouvinte-leitor, de cada época, descobrir os afetos, as preocupações e o grande amor de Paulo por aquela jovem comunidade. A linguagem é viva, emocionante e cativante, tendo, ao centro, o anúncio da vontade salvífica do Pai em Jesus Cristo, como referência e caminho de santidade.

Se, por um lado, a mensagem contém o profundo desejo de bem-estar na fé, na esperança e na caridade que Paulo desejou aos fiéis de Tessalônica, por outro lado, pode-se notar que, igualmente, objetivou, pela comunicação utilizada, não apenas dar as respostas para as questões trazidas por Timóteo, mas estimular os fiéis a responderem às atenções e exortações enviadas na carta, inovador canal de comunicação que Paulo inaugurou na vida da Igreja. Esta dinâmica é seguida até os dias atuais pelo Magistério da Igreja, por exemplo, através de Cartas Encíclicas e de Exortações Apostólicas.

Tanto Paulo, o remetente, quanto os fiéis de Tessalônica, os destinatários, estavam bem conscientes de suas respectivas funções e atribuições. Isto permite dizer que a comunicação contida na mensagem não sofreria interferência dos ruídos capazes de atrapalhar a clareza no entendimento tanto pela audição como pela leitura do texto. Em outras palavras, os sinais comunicativos presentes na origem da mensagem – Paulo – seriam plenamente decodificados no seu destino – os fiéis de Tessalônica. O uso do grego *koiné*, língua comumente falada pelo povo mais simples, foi fundamental nesse processo, pois, longe de enfraquecer ou criar dificuldades na mensagem, foi a forma apropriada para dizer coisas profundas de uma forma acessível a todos.

Paulo não foi apenas claro sobre os pontos tratados na carta, mas procurou ser objetivo, preciso e provocativo, a fim de que os fiéis assumissem uma postura ativa e atenta a esses pontos e acontecesse o devido retorno da mensagem em forma de obediência a Deus, aumento da fraternidade eclesial e do amor entre os envolvidos na comunicação.

Na carta, além da linguagem verbal, foram devidamente usadas imagens e expressões capazes de provocar o imaginário dos fiéis. Isto revela a perspicácia e as habilidades de Paulo, que soube explorar muito bem os recursos da comunicação escrita. Três exemplos permitem constatar essa afirmação:

Porque o nosso Evangelho não chegou a vós somente em palavra, mas também com poder, no Espírito Santo, e pleno de convicção, conforme sabeis que estivemos entre vós por causa de vós (1Ts 1,5).

Ainda que sejamos apóstolos de Cristo, com toda a autoridade, estivemos como crianças em vosso meio. Assim como uma ama que nutre sua própria prole, desse modo, querendo-vos bem, quisemos vos entregar não somente o Evangelho de Deus, mas também nossas vidas, porquanto vos tornastes amados a nós (1Ts 2,7-8).

Conforme sabeis, tratando a cada um de vós como um pai a seu próprio filho, exortando-vos, consolando-vos e encorajando-vos para que andeis da maneira digna de Deus, aquele que vos chama para seu próprio reino e glória (1Ts 2,11-12).

Assim como uma folha remete à sua árvore e como um membro ao seu corpo, os signos *Evangelho, criança, ama* e *pai* apontam para o sentido paulino de comunidade eclesial: família de Deus Pai formada por irmãos em Jesus Cristo na unidade do Espírito Santo. É um projeto significante que aponta para uma finalidade repleta de significado: *Evangelho* é signo de Jesus Cristo; *criança* é signo de quem reconhece a autoridade do adulto; *ama* é signo da Igreja que gera e nutre os fiéis; *pai* é signo da responsabilidade de Deus e dos que chama a exercer o ministério na Igreja.

Nesse sentido, compreende-se por que Paulo se dirigiu aos fiéis de Tessalônica usando a primeira pessoa do plural, evocando ao longo de toda a carta a presença de Silvano (Silas) e Timóteo (cf. 1Ts 1,1), seus companheiros na missão. Este simples dado demonstra a força da dimensão eclesial vivenciada por Paulo na evangelização, mas também o estabelecimento de um nível de linguagem elevado e capaz de associar, vincular e estreitar ainda mais os laços entre o evangelizador e os evangelizados. Como irmãos e membros da mesma família de Deus, Paulo, seus colaboradores e os fiéis de Tessalônica, embora não estivessem no mesmo nível quanto ao conhecimento e comportamento, estavam, sim, no mesmo nível das exigências do amor eclesial (FIORE, 2008, p. 211-212).

Esse amor eclesial, sem dúvida, é o léxico orientador de todo o conjunto de palavras que foi usado por Paulo na 1Ts. Assim, a carta revela, pelas palavras empregadas, a experiência adquirida pela fé e adesão a Jesus como Cristo e Senhor. Experiência que, certamente, Paulo, após a sua conversão, partilhou por onde passou, criando um repertório de conceitos, palavras e termos: é o campo lexical do Evangelho, cuja base é o querigma apostólico.

Ao analisar e refletir sobre o conteúdo de 1Ts, percebe-se a sua coerência e a coesão textual. É um escrito coerente, porque nele não há equívocos na mensagem articulada no tecido e na estrutura da carta. É coeso, porque as suas partes estão bem concatenadas pelo emprego correto dos tempos e dos modos verbais. Isso revela que Paulo, no momento em que escreveu 1Ts, já havia alcançado e desenvolvido uma grande capacidade para evangelizar com coerência e coesão em tudo o que transmitia oralmente e pelo seu comportamento. Embora respeitasse a liberdade dos seus interlocutores, Paulo perseguiu tenazmente o seu principal objetivo: levar os destinatários à fé em Jesus, aceitando-o como Cristo e Senhor, pelo qual recebem a salvação.

O presente livro está dividido em duas partes e quer ajudar o leitor interessado a perceber e descobrir algumas dessas riquezas existentes na 1Ts. Na primeira parte, foram oferecidos os pressupostos hermenêuticos necessários para uma correta compreensão da carta. Na segunda parte, realizou-se uma hermenêutica dos textos, percorrendo-os na dinâmica dos contatos que existem com outros textos do NT, em particular com os Evangelhos. Todos os textos bíblicos do NT são os da edição: *A Bíblia: Novo Testamento*. São Paulo: Paulinas, 2015. Os textos citados em *itálico* pertencem diretamente a 1Ts, para facilitar a leitura e interpretação sugerida.

Paulo revelou a saudade que sentia e disse que seu grande desejo era o de voltar ao seio da comunidade (cf. 1Ts 2,17-18) para completar o ensinamento que julgou ainda faltar à fé dos fiéis de Tessalônica (cf. 1Ts 3,10). O fez através da carta porque, naquele momento, não pôde ir pessoalmente. Estes foram o desafio e a necessidade pastoral que Paulo buscou enfrentar e sem demoras. Na base da sua opção encontra-se o amor a Deus e ao próximo como a si mesmo.

Que esse exemplo se torne inspirador e que pela leitura refletida desse primeiro escrito do NT aconteça mais um passo na direção do necessário processo de revitalização de nossas comunidades eclesiais. Diante da atual mudança de época, essa revitalização é um dos mais urgentes objetivos e desafios pastorais da Igreja que existe no mundo, para ser o sinal vivo e eficaz do Reino de Deus inaugurado por Jesus Cristo (cf. Mt 5,13-16), evento salvífico para toda a humanidade, força estimulante da ação evangelizadora vivida intensamente pelo apóstolo Paulo, arauto do Evangelho para o mundo de todas as épocas, raças, línguas e povos. Um comunicador da Boa-Nova a serviço da vida renovada em Jesus Cristo!

PARTE I

Pressupostos hermenêuticos

1. Jesus Cristo, a Igreja e o discipulado

Quem é Jesus Cristo? Qual a sua missão? Como ser seu discípulo?

Estas três questões são fundamentais para a compreensão da *cristologia* e da *eclesiologia*; portanto, não são periféricas à *Primeira Carta aos Tessalonicenses* (1Ts), testemunho escrito sobre os primeiros vinte anos da Igreja que avançava, graças aos missionários como Paulo, na tarefa da evangelização, fundando e formando novas comunidades na fé, esperança e caridade.

Num primeiro momento, é preciso olhar para a Igreja Apostólica, na qual grande destaque possui Paulo e seus companheiros colaboradores. A abordagem dos textos ajuda a perceber qual era a compreensão que Paulo teve da *cristologia*, isto é, da identidade e da missão de Jesus Cristo, bem como da *eclesiologia*, isto é, da identidade e da missão da Igreja à qual dedicou a sua vida por causa de Jesus Cristo. Nessa dupla compreensão forma-se o discípulo.

Paulo atuou e colaborou na formulação desses dois tratados, lançando os alicerces bíblico-teológicos que se tornaram uma rica e inesgotável fonte, na qual os teólogos dos primeiros séculos, denominados Padres da Igreja, se apoiaram, se serviram nos seus vários escritos e se tornaram a base do que foi discutido e definido nos Concílios Ecumênicos em matéria de fé.

Para introduzir e direcionar o tema, exponho algumas questões centrais que apontam para os fundamentos e os argumentos usados por Paulo para falar de Jesus Cristo na 1Ts: *Quem foi Jesus de Nazaré para Paulo? Qual foi o Evangelho pregado e defendido por Paulo? Que relações podem ser estabelecidas entre Jesus Cristo e Paulo?*

As respostas para estas questões podem ser obtidas percorrendo diferentes caminhos (PENNA, 2009, p. 11-23). O ideal seria fazer a análise minuciosa e crítica dos Atos dos Apóstolos e das Cartas de Paulo. Esta análise, porém, ultrapassa os objetivos aos quais este estudo se propõe. Apenas alguns elementos serão apresentados, mas são suficientes para se obter a base e as linhas gerais das respostas.

1.1 Quem foi Jesus de Nazaré para Paulo?

Para Paulo, Jesus de Nazaré, antes da experiência de Damasco, era tido como um messias impostor e sua doutrina precisava ser combatida, eliminando os seus seguidores, a fim de que os erros contra a Lei de Moisés deixassem de ser difundidos. A razão que fundamentou as atitudes de Paulo, como perseguidor da Igreja de Deus (cf. 1Cor 15,9; Gl 1,13; Fl 3,5-6), se justifica pelo zelo farisaico que ele possuía e cultivava pela Lei de Moisés. Estas atitudes mantinham a sua identidade e firme convicção judaica. Paulo entendera que a pregação dos seguidores de Jesus era contrária à Torá e relativizava a sua força (cf. Mt 8,22; Mc 2,27).

Todavia, e se foi assim, o orgulho de Paulo, como fariseu (cf. Fl 3,4), ao se dizer discípulo de Gamaliel, ficaria enfraquecido, pois este grande doutor da Lei mostrou uma diversa orientação ao falar sobre os fatos que se constataram em Jerusalém devido à pregação e aos sinais que foram realizados por meio dos apóstolos. Teria Paulo duvidado de seu mestre, considerando-o atraído pela doutrina dos seguidores de Jesus Cristo? Pelo texto de At 5,34-39 não há como responder, mas a ação de Paulo, perseguindo os cristãos, não foi condizente com a orientação de Gamaliel.[1]

---

[1] Postulo uma hipótese: de acordo com At 9,2, Paulo pediu cartas ao sumo sacerdote (note-se que não se diz o nome do sumo sacerdote em exercício. Provavelmente não era mais Caifás, pois o exercício da função era anual, cf. Jo 11,49). O pedido de cartas ao sumo sacerdote criou outro problema, pois é sabido que a sua ingerência sobre as sinagogas da diáspora carece de fundamento; as sinagogas

O conflito inicial de Paulo não se deu com um discípulo judeu, mas com Estêvão, de origem grega e que foi um dos sete diáconos da Igreja Apostólica. Estes diáconos haviam sido ordenados para cuidar do sustento diário das viúvas cristãs de origem não judaica (cf. At 6,1-7). Contudo, os elementos presentes no discurso de Estêvão, durante o interrogatório feito pelo sumo sacerdote (um resumo que demonstra grande conhecimento e aplicação da história salvífica que encontra plena realização em Jesus Cristo), causaram um impacto muito grande, ao dizer (At 7,51-53):[2] "Homens de dura cerviz" (cf. Ex 32,9; 33,3.5; 34,9; Dt 9,6.13; 31,27; 2Rs 17,14); "incircuncisos de coração e de ouvidos" (cf. Dt 10,16; Jr 4,4; Is 52,1; Ez 44,9); "vós sempre resistis ao Espírito Santo! Como foram vossos pais, assim também vós!" (Dt 10,16; 2Cr 30,8; Sl 106,33); "vós que recebestes a Lei por disposição de anjos, e não a observastes". Foi por causa desse discurso e pela força como foi usado que Estêvão foi levado ao martírio com o consentimento de *Saulo*.[3]

Jesus de Nazaré foi quem fez a Paulo uma revelação pessoal, apresentando-se, *no caminho de Damasco*, como sendo o perseguido dos que ele havia decidido levar como prisioneiros para Jerusalém.[4] Paulo, ao cair por terra, ao ficar ofuscado pela intensa luz e ao ouvir a voz reveladora, foi introduzido numa grande crise existencial, religiosa e teológica. Paulo, ao entrar em Damasco,

---

eram de responsabilidade farisaica, e não sacerdotal. Ao que tudo indica, Paulo quis o apoio do templo, um álibi para influenciar moralmente nas decisões das sinagogas de Damasco, e assim se livraria da orientação não compartilhada que Gamaliel havia dado ao sinédrio e que valeria somente para Jerusalém (cf. At 5,35).

[2] Os textos do AT citados por Estêvão, e a forma como os usou, mostram por que se enraiveceram os que ouviram (cf. At 7,54).

[3] *Paulo* é o nome latino para *Saulo*, forma grega que traduz, por sua vez, o hebraico *Saul* (cf. At 9,17). A mudança no uso de *Saulo* para *Paulo* ocorre sutilmente em At 13,9.

[4] Este episódio corresponde às aparições do Ressuscitado aos primeiros discípulos (cf. 1Cor 9,1; 15,8; Gl 1,16-17; 2Cor 3,8.12; 4,6).

fez a sua pessoal experiência de Jesus Cristo pela novidade da eficácia do Batismo iluminador, que lhe deu a capacidade de ver a Verdade e de ser liberto das suas intransigências.[5]

A conversão de Paulo não se deu no campo moral, isto é, devido a um pecado, mas na sua não resistência ao Espírito Santo. Jesus Cristo, pelo encontro e pela experiência no caminho de Damasco, foi descoberto com os olhos da fé na possibilidade de Deus se revelar. "Neste sentido não foi simplesmente uma conversão, uma maturação do seu 'eu', mas foi morte e ressurreição para ele mesmo: morreu uma sua existência e outra nova nasceu com Cristo Ressuscitado" (BENTO XVI, 2012, p. 29). Paulo "fala sempre de Cristo que veio ao seu encontro no esplendor da glória e de Deus que o iluminou e lhe revelou a identidade de Jesus" (BARBAGLIO, 1989, p. 19).

Durante a "crise" que Paulo viveu na Arábia:[6] "A Lei deixara de ser a força centrípeta que unia as diferentes facetas da sua vida. Esse poder era agora exercido pelo Senhor ressuscitado e é sugerido que ele precisava de paz e tranquilidade a fim de assimilar uma mudança de tal magnitude" (O'CONNOR, 2007, p. 95). Ao lado disso, parece que o tempo de Paulo na Arábia foi interrompido por uma causa desconhecida e novamente se encaminhou para Damasco (cf. Gl 1,17). Curioso este fato! Teria Paulo alguma ligação com as sinagogas de Damasco? Ou simplesmente se sentiu acolhido pelos cristãos que lá residiam e possuíam a mesma formação farisaica que ele?

---

[5] Paulo era da tribo de Benjamin (cf. Rm 11,1; Fl 3,5), da qual saiu o primeiro rei, *Saul* (cf. 1Sm 9,15-17; 10,1.17-27), que, porém, foi rejeitado por Deus e substituído por Davi (cf. 1Sm 15,10-31; 16,1-13), considerado um usurpador do trono (cf. 2Sm 16,5-14). Paulo, ao perseguir Jesus Cristo, um descendente da casa de Davi, reviveu a questão da monarquia reivindicada por seus seguidores, que reconheceram, em Jesus Cristo, o rei dos judeus que veio instaurar o Reino de Deus sobre a terra. Por detrás da perseguição não havia apenas motivação teológica, mas política.

[6] Região situada ao sul de Damasco, na terra dos nabateus (cf. Gl 1,17; 1Mc 5,25).

Como atestado nos Atos dos Apóstolos, Paulo se dirigiu, primeiramente, aos irmãos judeus, pois para eles foram feitas as promessas (cf. Rm 9,4-5). Diante da hostilidade e não aceitação do anúncio, Paulo percebeu que a sua missão seria a de levar o Evangelho aos gentios (cf. At 9,15). Graças a tal certeza, Paulo se dispôs a tudo por Jesus Cristo e, principalmente, a dar a própria vida pela evangelização. Nisto consiste a sua configuração a Jesus Cristo, morto e ressuscitado. Para ele, viver ou morrer só tem sentido pela fé no Senhor Jesus Cristo, que por ele morreu e se entregou na cruz (cf. Gl 2,20). Este será o *modo de viver* de Paulo, sua força motivadora para suportar os inúmeros desafios, tribulações e sofrimentos em seu ministério e apostolado.

Uma análise das cartas de Paulo permite encontrar alguns dados sobre o que ele sabia a respeito de Jesus de Nazaré: pertença ao povo judeu (cf. Rm 9,5); descendente de Davi (cf. Rm 1,3), nascido de mulher e debaixo da lei (cf. Gl 4,4); e se fez *ministro da circuncisão* (Rm 15,8). Quanto aos discípulos de Jesus, Paulo distingue os Doze, no qual emerge Pedro (cf. 1Cor 1,12; 3,22; 9,5; 15,5; Gl 1,18; 2,7-14). Entre os *irmãos do Senhor* (1Cor 11,23), sobressai Tiago, tido, junto com Cefas e João, por coluna da Igreja de Jerusalém (cf. Gl 1,19; 2,9; 1Cor 15,7). Na noite em que foi traído, Jesus instituiu a Eucaristia (cf. 1Cor 11,23), foi morto na cruz (cf. Gl 3,1; 1Cor 2,2) e sepultado, ressuscitou ao terceiro dia, conforme as Escrituras, apareceu aos Doze e a muitos outros discípulos (cf. 1Cor 15,5-6) e prometeu que voltaria (cf. 1Ts 4,15).

Para refletir e aprofundar

Paulo, após a sua pessoal decisão por Jesus de Nazaré, o reconheceu como *Cristo* e *Senhor*. A partir desse momento, Paulo está completamente disposto a levar o Evangelho para o mundo, pelo qual afirma que Jesus é o *Cristo, Senhor e Filho de Deus* (cf. At 9,20).

1) Como Paulo descobriu Jesus Cristo em seus discípulos?

2) O quanto essa descoberta redimensionou a vida de Paulo?

3) O que concretiza o anúncio feito por Paulo a judeus e gentios?

1.2 Qual foi o Evangelho pregado e defendido por Paulo?

A 1Ts não oferece uma resposta clara para esta pergunta. Nela se encontram insistentes locuções: *nosso Evangelho* (1Ts 1,5); *Palavra do Senhor* (1Ts 1,8); *Evangelho de Deus* (1Ts 2,2.8.9); *o Evangelho* (1Ts 2,4); *Palavra de Deus* (1Ts 2,13); *Evangelho de Cristo* (1Ts 3,2), e o núcleo da pregação apostólica, isto é, o querigma (cf. 1Ts 4,14-18; 5,9-10).

Todavia, como a carta foi escrita durante a estadia de Paulo na cidade de Corinto, entre os anos 50 e 51 d.C., pode-se recorrer a 1Cor 15,1-8, texto no qual Paulo afirma a fé na ressurreição diante dos céticos:

> E dou-vos a conhecer, irmãos, o Evangelho que vos anunciei, o qual também recebestes, no qual ainda perseverais, mediante o qual também sois salvos se retiverdes tal palavra que vos anunciei, a não ser que crestes em vão. Porque vos transmiti, antes de tudo, o que também recebi: Cristo morreu por nossos pecados, segundo as Escrituras. Foi sepultado e foi ressuscitado ao terceiro dia, segundo as Escrituras. Foi visto por Cefas e, depois, pelos Doze. Em seguida, foi visto por mais de quinhentos irmãos, de uma só vez, dos quais a maioria permanece até agora, enquanto alguns já adormeceram. Em seguida, foi visto por Tiago, depois por todos os apóstolos. Por último, como que a um abortivo, foi visto também por mim.

Por este texto percebe-se a doutrina que se encontra por detrás da instrução que Paulo deu aos fiéis de Tessalônica sobre a ressurreição dos mortos (cf. 1Ts 4,13-18). Não é possível dizer se Paulo recebeu o Evangelho em Antioquia ou durante a sua estadia em Damasco, onde foi batizado (cf. At 9,18). Não se descarta, nem mesmo, a possibilidade de Paulo tê-lo recebido por ocasião da sua ida a Jerusalém, onde se encontrou com Pedro (cf. At 9,26-29; Gl 1,18).

Paulo, sobre a recepção do Evangelho, disse aos gálatas: "Comunico-vos, de fato, irmãos, que o Evangelho por mim anunciado não é de origem humana; seguramente não o recebi, nem aprendi, de homem, mas por revelação de Jesus Cristo" (Gl 1,11-12). Esta afirmação, tomada literalmente e destacada do seu contexto, pode induzir a pensar que a comunidade cristã em nada contribuiu no processo de formação do apóstolo dos gentios, dado este totalmente falso.

Na carta aos Gálatas, existe uma forte questão que Paulo se determinou resolver: os cristãos estão se deixando levar "por um Evangelho diferente", ou, como ele mesmo interpreta: um Evangelho corrompido (cf. Gl 1,6-10). Lendo atentamente Gl 1,1-5, percebe-se o tom forte da carta e a insistência no núcleo da pregação apostólica, assumida e defendida por Paulo.

O núcleo do Evangelho, anunciado e proclamado por Paulo aos seus ouvintes, tem um tríplice aspecto constitutivo. É um evento histórico: Jesus Cristo, que morreu e ressuscitou. É um evento considerado de acordo com o plano estabelecido por Deus: conforme as Escrituras, pelo qual se realizou o desejado plano de Deus, a salvação dos que o recebem e acolhem.

Imitar o Senhor Jesus é o objetivo da evangelização, e não obter lucros ou glórias humanas com a pregação (cf. 1Ts 2,5-6). A hostilidade ao Evangelho se traduz em perseguição (cf. 1Ts 2,15-16). A convicção de que Satanás tem impedido a possibilidade do retorno de Paulo à comunidade dos tessalonicenses (cf. 1Ts 2,18) adéqua-se aos diversos tipos de enfrentamento e exorcismos narrados nos Evangelhos. Paulo, curiosamente, apenas praticou um exorcismo (cf. At 16,18). Viver em Jesus Cristo, na aceitação do seu Evangelho, causa sofrimentos e tribulações. Paulo temeu que os cristãos tessalonicenses sucumbissem às seduções do Tentador (cf. 1Ts 3,5), mas teve a firme convicção de que a caridade fraterna era o grande diferencial da comunidade (cf. 1Ts 4,9-10). Este dado remete, facilmente, ao mandamento do amor (cf. Jo 13,34).

Para refletir e aprofundar

a) Em que sentido Paulo continuou a obra de Jesus Cristo?

b) Em que sentido Paulo avançou e/ou expandiu a obra de Jesus Cristo?

c) Como Paulo aplicou a fé e a esperança na ressurreição em 1Ts?

1.3 Que relações podem ser estabelecidas entre Jesus Cristo e Paulo?

Paulo foi praticamente contemporâneo de Jesus Cristo. Quanto ao nascimento, Jesus e Paulo nasceram, provavelmente, durante os últimos anos de Herodes Magno (6-4 a.C.). Quanto à morte, Jesus morreu, como se presume, durante a Páscoa judaica do ano 27, 30 ou 33 d.C. (BARBAGLIO, 2006, p. 39; O'CONNOR, 2007, p. 24), enquanto Paulo concluiu sua carreira entre os anos 66 e 67 d.C., sob o domínio do imperador Nero.[7] A aproximação cronológica, porém, não é o ponto mais importante a ser evidenciado. Existe uma forte e salutar distância entre Jesus e Paulo do ponto de vista *geográfico, linguístico, cultural, religioso e sociopolítico.*

Os dois são hebreus por raça: Jesus foi um judeu palestinense, criado em Nazaré da Galileia (cf. Mt 2,23; 4,13; 21,11; Lc 1,26; 2,40.51; 4,16), um pequeno vilarejo desconhecido e desprezado (cf. Jo 1,45-46); Paulo, porém, foi um judeu da diáspora, da famosa cidade de Tarso, na Cilícia.[8] Tarso foi uma importante rota comercial

---

[7] Para uma melhor visualização, veja-se a cronologia na p. 51.

[8] Há quem defenda que Paulo nasceu também na Galileia, em Gischala, uma aldeia montanhosa e que produzia um excelente azeite (O'CONNOR, 2007, p. 24).

entre a Síria e a Ásia Menor, possuía um porto fluvial e teve, junto com Atenas e Alexandria, o *status* de centro intelectual.[9]

Jesus foi um aldeão, acostumado a movimentar-se num ambiente agrícola, pastoril e pesqueiro, em torno do lago da Galileia. Paulo fora um cidadão cosmopolita. Jesus viveu dentro dos confins de um mundo fechado ideologicamente e pequeno geograficamente. Paulo viveu no âmbito mais aberto e eclético do grande império romano. Jesus não se atreveu a ir além-mar,[10] ao passo que para Paulo não existiam grandes distâncias nem fronteiras impossíveis de ser superadas (lógico, por causa de Jesus Cristo, do seu Evangelho e do seu ímpeto missionário).

Do ponto de vista linguístico, por um lado, Jesus falava o aramaico como todos os galileus do seu tempo. O hebraico era a língua sagrada das Escrituras lidas na sinagoga[11] e, por isso, era familiar a Jesus, pois na sinagoga de Nazaré proclamou o célebre texto do profeta Isaías, sobre o qual pautou o seu ministério público (cf. Lc 4,16-22; Is 61,1-2). Não é possível afirmar, com certeza, se Jesus teve conhecimento do grego e do latim. Contudo, como na Decápole as duas línguas eram faladas e Jesus passou por esse

---

[9] A cidade de Tarso desfrutava de várias prerrogativas, dentre as quais a sua antiguidade, pois já existia há seis mil anos. Isto faz de Tarso uma cidade tão antiga como Jericó. Tarso foi a pátria de celebridades, como o filósofo estoico Atenodoro e Antípatro, que foi diretor de uma escola em Atenas (JEFFERS, 2004, p. 382-383; O'CONNOR, 2004, p. 48-50; 2007, p. 25-26).

[10] Essa "carência missionária" em Jesus é justificada tanto pela ordem dada aos apóstolos (cf. Mt 28,16-20; Mc 16,15-16.20; Lc 24,45; At 1,8) quanto pela promessa profética que brota nos seus lábios: "O que vos digo na escuridão dizei-o à luz do dia, e o que escutais ao ouvido proclamai-o dos telhados" (Mt 10,27); "Amém, amém, eu vos digo: quem crê em mim fará as obras que faço e fará ainda maiores do que estas, porque vou para junto do Pai" (Jo 14,12).

[11] Com o exílio em Babilônia, os judeus assumiram o aramaico como língua falada e seu alfabeto quadrado para redigir os livros sagrados em hebraico. Desse modo, o hebraico, pouco a pouco, deixava de ser falado, ficando apenas como língua sagrada dos livros e do culto sinagogal. Após o exílio, teve início o costume de se "traduzir-interpretar" a proclamação feita em hebraico para o aramaico, originando a edição aramaica dos livros sagrados, os *targumim* (FERNANDES, 2010, p. 33-45).

território (cf. Mt 4,25; Mc 5,20; 7,31), nada impede que tivesse algum conhecimento do grego.

Paulo, por outro lado, conheceu três ou quatro línguas. O hebraico, porque foi a sua língua materna (cf. Fl 3,4-5; 2Cor 11,21-22), o aramaico, porque foi a língua falada na Palestina, e o grego, familiar pela região em que nasceu e viveu. Se Paulo aprendeu o grego clássico ou o *koiné* (comum do povo), é um dado irrelevante. Suas cartas, porém, foram escritas em grego *koiné*, mas com belo estilo e suntuosa elegância. Além disso, pode ter conhecido e usado o latim, pois Paulo manteve contatos com romanos, viveu vários anos na *Urbe* e nela foi martirizado.

Um fator relevante entre Jesus e Paulo se impõe. Jesus nada escreveu. O Mestre de Nazaré sempre se expressou de viva voz e apostou tudo na sua pregação oral. O contato com os seus interlocutores foi feito através de discursos simples e objetivos. Usou breves aforismos, ditos sapienciais e máximas proverbiais de fácil compreensão e memorização pelos ouvintes (BARBAGLIO, 2006, p. 44-48).

Paulo, por sua vez, foi dotado de grandes qualidades e habilidades literárias. Além da pregação oral, preocupou-se em manter vivo contato com as comunidades por onde passou ou fundou através de seus escritos ocasionais (PENNA, 2002, p. 4-9). O apóstolo dos gentios interveio, em seus escritos, com autoridade sobre os diferentes assuntos que foram surgindo ao longo do processo de sedimentação e crescimento das comunidades cristãs.

Esta característica de Paulo, como escritor, legou ao cristianismo um altíssimo patrimônio sobre a doutrina de Jesus Cristo, que se encontra partilhado nos quatro Evangelhos canônicos. Não é possível identificar, como dito antes, o *Evangelho de Paulo*, ao qual se refere em alguns dos seus escritos, dizendo: *meu Evangelho* (Rm 15,16; 16,25; 2Tm 2,8). Estes escritos, porém, denotam o profícuo desdobramento do que está testemunhado nos quatro

Evangelhos. Em outras palavras, a doutrina de Jesus está na base da profunda teologia desenvolvida por Paulo.

Esta última afirmação é importante para a compreensão do ambiente cultural e conceitual do primeiro século cristão. Enquanto Jesus possuiu uma matriz judaica, Paulo, além desta, possuiu maior universalidade quanto aos conhecimentos linguísticos. Isto facilitou a expansão do Evangelho através de seu ministério. Bastam alguns exemplos: *polis* (cidade), *cosmo* (mundo), *soma* (corpo). Deste último, Paulo se serviu para evidenciar que a Igreja é *corpo de Cristo* (cf. 1Cor 12; Rm 12,4-8). Jesus, durante a última ceia, usou a imagem semítica da videira para dizer que o ramo só dá fruto se a ela estiver unido (cf. Jo 15). Paulo usou a mesma ideia, mas com matriz filosófica, ao falar que os cristãos são membros do corpo de Cristo (cf. 1Cor 6,15; 12,27).

Paulo atualizou e inculturou a mensagem de Jesus Cristo, e, nas várias vezes em que aludiu ao *Evangelho de Deus*, pode-se entendê-lo como o "Evangelho que é Deus", indicando a salvação que Deus operou pelo mistério pascal do seu único Filho, Jesus Cristo, do qual Paulo se tornou um grande arauto pela ação do Espírito Santo.

Para completar a última resposta, é preciso apontar as diferenças que existem na realidade *sociorreligiosa e política* que envolveu a vida e a obra de Jesus de Cristo e de Paulo de Tarso, fiel seguidor e discípulo plenamente configurado ao Mestre de Nazaré.

Se o mundo moderno viveu a dicotomia entre religião e política, no mundo em que Jesus e Paulo nasceram e viveram essa dicotomia era impossível de ser pensada e muito menos praticada.[12] A sociedade da época era teocrática (Flávio Josefo, *Contra*

---

[12] "Devolvei, portanto, a César o que é de César e a Deus o que é de Deus" (Mt 22,21). Se a política é a arte de governar a sociedade humana, a religião possui uma dimensão social que diz respeito também a obrigações éticas que julgam até as leis do Estado. Se a política deve se ocupar com os problemas essenciais da vida dos homens, o Evangelho, por sua vez, não é uma realidade neutra, mas é a possibilidade de que o ideal de fraternidade seja a alma da ação política. Nes-

Apionem 2,16,165) e a Roma do período imperial, com Otaviano, aclamado César Augusto, passou por uma forte e inteligente reforma religiosa. Esta não só valorizou o culto aos deuses lares e às divindades do seu panteão, mas introduziu o culto ao imperador como *dominus et deus*.[13]

O principal objetivo de César Augusto foi o de instaurar e solidificar a ligação entre o chefe supremo do governo e a lealdade de seus súditos no mesmo patamar de fidelidade que as famílias tinham aos deuses lares e os fiéis romanos, aos deuses de Roma. Uma forma perspicaz para se manter a unidade social, tendo todo o poder centralizado nas mãos do imperador (JEFFERS, 2004, p. 134-138).

Jesus nasceu nesse ambiente "globalizado", mas viveu e se comportou como um pio judeu, valendo-se da tolerância religiosa que Roma concedeu ao seu povo. Essa herança religiosa, Jesus a recebeu de seus pais, que mantinham as tradições e cumpriam as prescrições da Lei de Moisés (cf. Mt 1,19; Lc 2,21.22-23.39.41-42.51-52). Várias passagens atestam que Jesus, como de costume, frequentou a sinagoga aos sábados e as festas litúrgicas prescritas para o povo (cf. Jo 2,13–4,54; 5,1-47; 6,1-71; 7,1–10,21; 11,55–12,50; 13,1–20,29).

Jesus, sendo galileu, esteve debaixo da jurisdição de Herodes Antipas, tetrarca da Galileia e da Pereia (4 a.C.–39 d.C.); não se filiou a nenhum partido religioso de sua época, mas parece ter confirmado a doutrina dos fariseus sobre a existência dos anjos e a ressurreição dos mortos (cf. Mt 22,23-33; Mc 12,18-27; Lc 20,27-40). Pontos importantes da formação farisaica de Paulo.

---

te sentido, as palavras de Jesus continuam a provocar: "De fato, os filhos deste mundo são mais prudentes, na relação com seus congêneres, que os filhos da luz" (Lc 16,8).

[13] Uma autoproclamação do soberano como ser divino ou manifestação humana do divino está testemunhada na antiguidade, por exemplo, durante a III dinastia de Ur (KUHRT, 2000, p. 82-90).

Digno de nota é o fato de Jesus não ter passado por Séforis e Tiberíades, cidades importantes da Galileia, porque foram locais em que Herodes Antipas instalara a sua corte. Este particular pode ser percebido em Lc 13,31: "Naquela ocasião, aproximaram-se alguns fariseus e lhe disseram: 'Vá embora, retira-te daqui, porque Herodes quer te matar'".

Paulo, por sua vez, nasceu e viveu numa cidade grande, notória e dominada pela ideologia imperial, que tinha unido política e religião na pessoa do imperador. Não é possível dizer como os judeus de Tarso escaparam da obrigação de prestar culto ao imperador. No caso de Paulo, esta situação se complica, pois desde o nascimento tinha cidadania romana (cf. At 22,25-29).

Quanto aos planos do império sobre a *pax romana*, existe um ponto comum entre Jesus e Paulo. Em 1Ts 5,3-5 encontra-se a seguinte exortação:

Quando disserem: "Paz e segurança!", então, de repente, cairá sobre eles a destruição, assim como chegam as dores de uma mulher grávida, e não poderão escapar. Vós, porém, irmãos, não estais na noite, de modo que o Dia vos alcance como um ladrão. Com efeito, todos vós sois filhos da luz e filhos do dia. Não somos da noite, nem das trevas.

Esta exortação encontra-se alinhada com um ensinamento de Jesus: "Não penseis que vim trazer paz à terra: não vim trazer paz, mas espada" (Mt 10,34).[14] Digo alinhada porque uma das

---

[14] A espada é o instrumento de morte que fere a curta distância. Jesus Cristo não estaria desautorizando o uso do direito da legítima defesa, mas até mesmo essa poderia ser renunciada a favor do testemunho incondicional da fé. A base advém do próprio Jesus Cristo, que, diante dos seus inimigos, não colocou resistências, mas submeteu-se ao Pai, o único que o podia salvar da morte, e foi ouvido (cf. Hb 5,7-10). Assim, a fala de Jesus Cristo, tomada fora do seu contexto, que gira em torno do discurso missionário (cf. Mt 10), poderia dar a impressão de que Jesus Cristo induz à guerra e a outras formas de violência. Entretanto, percebe-se que não é Jesus Cristo quem coloca a espada nas mãos dos seus discípulos, mas ela pertence e está nas mãos dos que perseguem os "seguidores da paz". Os

principais ideologias do império romano em torno de Augusto, *dominus et deus*, era atribuir-lhe a instauração da *pax romana* ou *augusta* em todo o império.

A severa afirmação de Jesus coloca-o em oposição a César Augusto ou à mentalidade que a partir dele se instaurou nas cidades e províncias imperiais: a paz pela espada. Na dinâmica do Evangelho, um ser humano ou um sistema político não é capaz de garantir essa paz, porque ela é fruto da cruz e da ressurreição de Jesus Cristo (cf. Jo 14,27; 20,19.21.26).

Paulo, por sua vez, colocou os fiéis de Tessalônica de prontidão, para que não se deixassem levar pela falsidade dessa ideologia imperial. Insistiu que era preciso vigiar e se comportar como filho da luz e do dia, isto é, como fiel servidor e discípulo de Jesus Cristo (cf. 1Ts 5,4-6).

Esta recomendação também concorda com o ensinamento de Jesus: "Ainda por um pouco de tempo a luz está convosco. Caminhai enquanto tendes a luz, para que as trevas não vos surpreendam. Quem caminha nas trevas não sabe para onde vai. Enquanto tendes a luz, crede na luz, para que vos torneis filhos da luz" (cf. Jo 12,35-36).

Em síntese, pode-se afirmar que o *Evangelho de Paulo* afunda as suas raízes na fé e na proclamação dos apóstolos de Jesus Cristo. Com a liberdade e o conhecimento que lhe vêm de Deus, que o elegeu desde o ventre materno (Gl 1,15; Rm 8,29; cf. Jr 1,5), Paulo assumiu a tradição apostólica e a fez sua. Além disso, aprofundou e desenvolveu essa tradição em função das suas campanhas missionárias e do interesse pelos destinatários do Evangelho, inseridos no mundo greco-romano, para o qual ele se considerou en-

---

discípulos, por sua vez, devem estar prontos para manter a confiança e a paz quando virem a espada desembainhada contra eles, inclusive pelos membros da própria família.

viado, isto é, *apóstolo*.[15] Seu grande mérito foi saber adaptar o que recebeu da Tradição às novas situações e exigências da missão.

Para refletir e aprofundar

a) Como Paulo, um intelectual, se rendeu à palavra de Jesus, um aldeão de Nazaré?

b) Como a experiência e a formação farisaica de Paulo serviram para a evangelização?

c) Que desenvolvimentos e novos contornos Paulo deu à Boa-Nova de Jesus Cristo?

---

[15] Cf. Rm 1,1; 11,13; 1Cor 1,1; 9,1-2; 15,9; Gl 1,1; Ef 1,1; Cl 1,1; 1Tm 1,1; 2,7; 2Tm 1,1; 1,11.

2. A fé em Jesus Ressuscitado transformou Paulo

O antes e o depois do encontro com Jesus Ressuscitado e com as testemunhas, tidas como colunas da Igreja (cf. Gl 2,9), possibilitam perceber o quanto este encontro deu a Paulo a possibilidade de realizar um grande salto de qualidade na sua vida de fé e trajetória espiritual. Se, antes do encontro, o fariseu Paulo se orgulhou dos progressos que fez em relação aos seus coetâneos judeus (cf. Gl 1,13-14; At 26,4-8), após a experiência no caminho de Damasco, que o levou ao conhecimento de Jesus Cristo, na eficácia da presença e ação do Espírito Santo em sua vida e ministério, fez com que ele considerasse tudo como perda (cf. Fl 3,8).

Pode-se dizer que Paulo realizou os três passos que todos os fiéis devem dar para crescer na vida espiritual: a) passar do *isolamento à solidão*; b) passar da *hostilidade à hospitalidade*; c) passar da *ilusão à prece* (NOUWEN, 2006, p. 15-18).

No primeiro momento, Paulo esteve isolado nas suas convicções e certo de agir conforme as determinações da Lei de Moisés. Como um competidor, foi incapaz de aceitar um rival de origem grega: Estêvão, homem cheio do Espírito Santo, que lhe pareceu um forte, intrépido concorrente e que precisava ser eliminado.

A raiz do isolamento de Paulo residiu na falsa ideia de que pelo conhecimento da Lei tudo estava abarcado e nada escapava ao saber. Paulo julgou os outros não a partir do amor que aceita os demais sem impor condições. A Lei manda amar, mas não ensina a amar. Nesse sentido, vê-se a incompatibilidade entre os ensinamentos de Jesus de Nazaré e a postura legalista de Paulo de Tarso. O Sermão da Montanha, ensinado por Jesus e aplicado a Paulo, revela a diferença de postura de ambos em relação à Lei de Moisés (cf. Mt 5-7).

No auge da sua formação farisaica, Paulo não aceitou e não admitiu que no seu ser e no seu agir pudesse existir espaço para acolher um grupo de pessoas que ensinavam algo diferente do que se acreditava e se julgava ser o único caminho de salvação: o cumprimento da Lei de Moisés. Estas pessoas não podiam ser consideradas como companheiros e irmãos na fé. A novidade da fé em Jesus Cristo fez Paulo tremer diante de suas convicções religiosas, legalistas e moralistas.

A cultura, na época de Paulo, não era tão sofisticada quanto a cultura dos dias atuais, mas os mecanismos do sucesso e do poder que fazem uma pessoa emergente, pelo seu zelo e saber, não são diferentes do que hoje está na moda e que causa tanto desequilíbrio emocional e mental. Enquanto o *outro de mim* não for aceito como ele é, não haverá nenhum espaço *dentro de mim* para que o Evangelho realize a obra de transformação, faça sair do *isolamento* e permita aceitar a *solidão* que abre espaço fértil para que o outro possa existir *em mim* com as suas diversidades.

A Lei de Moisés era algo duradouro para Paulo, razão de seu ser e de seu povo. Diante da novidade proposta pelos seguidores de Jesus de Nazaré, proclamado *Cristo*, a Lei de Moisés parecia estar sendo relativizada. Mas Paulo, provavelmente, não ouviu Jesus dizer: "Não penseis que vim para anular a Lei ou os Profetas. Não vim para anular, mas para dar pleno cumprimento. Amém, eu vos digo: enquanto o céu e a terra existirem, não será descuidada nem a menor letra da Lei, sequer um simples acento, até que seja tudo realizado" (Mt 5,17-18).

A passagem transformadora na vida de Paulo aconteceu no momento em que ele, pela graça da revelação de Jesus Cristo, "caiu por terra" e começou a sair do isolamento de suas mais firmes convicções. A cegueira e o jejum de três dias em Damasco transformaram o isolamento de Paulo em uma frutuosa solidão (cf. At 9,9-19). Foi o retiro que Paulo fez; tempo em que refletiu sobre as convicções que o tornaram severo e intransigente. Seu retiro foi o tempo favorável, o tempo da frutuosa solidão do coração e da mente que o qualificou para a missão apostólica, pois, tendo experimentado a hostilidade dos judeus, pôde se abrir para os gentios.

Esse momento íntimo, e ao mesmo tempo desesperador, foi o elemento propício que abriu Paulo, um fariseu e mestre da Lei, para o Evangelho, aprendendo que Jesus Cristo não revogou a Lei de Moisés, mas a levou à sua plenitude: viver o amor ao próximo como meio eficaz para se amar ao Deus único e verdadeiro, sobre todas as coisas, e amar a si mesmo (cf. Mt 22,34-40).

Esse amor ao próximo, tido por vezes como algo que ameaça a vida, Paulo o experimentou no momento em que Ananias veio ao seu encontro com hospitalidade acolhedora, o batizou e o introduziu no convívio dos seguidores de Jesus Cristo, dos que ele quis prender e levar para Jerusalém para que fossem julgados e sentenciados de morte (cf. At 9,10-22). A acolhida dos fiéis de Damasco proporcionou a Paulo a experiência da vitória sobre o isolamento e a hostilidade.

Desse momento em diante, Paulo começou a experimentar o que significa ser ameaçado e jurado de morte. Se, em nome de Deus e de sua Lei, Paulo estava convencido de que devia eliminar os infiéis, em nome do Filho de Deus, convenceu-se, após o batismo, de que devia levar aos seus irmãos judeus a novidade de vida. Foi assim que começou a sofrer e a sentir a rejeição da parte dos judeus. Paulo, de perseguidor, se tornou perseguido e fez das provações, tribulações e sofrimentos, por causa de Jesus Cristo e do seu Evangelho, a razão da sua vida e missão.

O Deus que Paulo conheceu pela Lei e pelos Profetas, mas que não viu nem ouviu, permitiu que passasse da ilusão à prece, quando assumiu um rosto concreto: Jesus Cristo (cf. Jo 1,1-18):

[15]Ele, que é imagem do Deus invisível, primogênito de toda a criação, [16]porque nele foram criadas todas as coisas, nos céus e sobre a terra, as visíveis e as invisíveis, sejam tronos, senhorios, principados ou autoridades; tudo foi criado por intermédio dele e para ele; [17]e ele existe antes de tudo, e tudo nele tem subsistido; [18]e ele é a cabeça do corpo, da igreja; ele é princípio, primogênito dentre os mortos, para que se torne em tudo, ele, o primaz; [19]porque aprouve toda a plenitude habitar nele[20] e por intermédio dele reconciliar todas as coisas para ele, fazendo a paz por intermédio do sangue de sua cruz, tanto sobre a terra como nos céus (Cl 1,15-20).

O movimento que fez Paulo sair do seu isolamento e entrar na solidão da exigência de Deus e do próximo em sua vida, que fez passar da hostilidade à hospitalidade e da ilusão à prece, não só lhe proporcionou um forte e crescente recolhimento, mas o levou numa nova direção: a servir e amar a Deus em Jesus Cristo, na força e unção do seu Espírito.

Ao entrar e fazer parte da comunidade dos que passaram a ser chamados de cristãos (cf. At 11,19-26), Paulo, junto a Barnabé, percebeu que o sangue derramado de Estêvão foi a grande ocasião para a Boa-Nova sair de Jerusalém e ir para outras regiões através de um novo caminho: o apostolado entre os gentios, e que ele abraçou como missão (cf. At 9,15; 13,46).

Para refletir e aprofundar

a) Como Paulo experimentou Jesus Ressuscitado?
b) Como essa experiência mudou o modo de ser e de agir de Paulo?
c) Que elementos comuns existem entre Jo 1,1-18 e Cl 1,15-20?

3. Inaugura-se o Novo Testamento

Os escritos atribuídos a Paulo, quanto ao gênero literário, são classificados como *carta* ou *epístola*. O primeiro é considerado um gênero de caráter mais pessoal. O segundo é considerado um gênero de caráter mais comunitário, visto que possui uma forma mais sistemática e segue determinadas regras formais de apresentação e desenvolvimento. O gênero *epístola*, por exemplo, se encontra testemunhado na Antiguidade, nos escritos de Aristóteles, Cícero, Sêneca etc. Contudo, ao se aplicar as considerações desses dois tipos de gênero literário aos escritos de Paulo, percebe-se que ambos se entrelaçam de tal modo a não permitir que se faça uma severa distinção entre *carta* ou *epístola* (HOLZNER, 1994, p. 275).

Paulo, ao escrever a *Primeira Carta aos Tessalonicenses*, inaugurou *na* e *para* a Igreja o processo de formação do Novo Testamento (NT). Ao fazer uso da escrita para se comunicar com os fiéis de Tessalônica, não apenas revelou a grandeza do seu zelo e ardor missionário, mas inovou e iniciou um modo de se fazer presente, de interagir e de acompanhar a vida da comunidade eclesial. Por este escrito, pode-se perceber a identidade tanto de Paulo como dos fiéis de Tessalônica.

Não se sabe ao certo por quanto tempo Paulo esteve em Tessalônica.[1] Sabe-se que isto ocorreu durante a sua segunda viagem

---

[1] Por alguns indícios internos, o tempo de permanência de Paulo poderia ter sido bem maior que as três semanas citadas em At 17,2. Há quem defenda uma permanência de quase um ano (O'CONNOR, 2004, p. 115). Em 1Ts 1,7-9, Paulo faz um elogio aos destinatários da carta, lembrando o entusiasmo de como receberam e transmitiram o Evangelho na região. Isso requer maturidade no processo de conversão, e não apenas afã ou calor do momento. Em 1Ts 2,9, Paulo afirma que, junto aos seus companheiros, trabalharam durante todo o tempo em que

missionária (49-50 d.C.). Por causa da inveja de judeus que residiam na cidade, Paulo foi forçado a abandonar Tessalônica, juntamente com seus companheiros Silas e Timóteo. De Tessalônica, Paulo dirigiu-se para Bereia, mas também nesta cidade encontrou hostilidade e foi conduzido para Atenas pelos que estavam com ele (cf. At 17,10-15).[2]

Paulo, apreensivo por saber como estavam os que creram no Evangelho, de Atenas enviou Timóteo de volta para Tessalônica a fim de confirmar e exortar os irmãos a permanecerem firmes na fé que receberam e acolheram (cf. 1Ts 3,2-3). Nesse ínterim, Paulo foi para Corinto (cf. At 18,1.5), onde Timóteo veio ao seu encontro, trazendo notícias: referiu sobre a hostilidade dos judeus e as perseguições que a jovem comunidade estava enfrentando (cf. 1Ts 2,14-15); apresentou ainda uma questão particular: a preocupação sobre a condição final dos parentes dos fiéis de Tessalônica, mortos durante uma tempestade, dando a entender que eram pescadores ou vítimas de um naufrágio (cf. 1Ts 4,13-18). Contudo, para além de todas essas turbulências, Timóteo trouxe boas-novas sobre a fé, a caridade e o grande desejo do reencontro com Paulo, motivos que muito o alegraram (cf. 1Ts 3,6-10).

Foi nesse contexto que Paulo, temendo que o Tentador tivesse seduzido os que creram, inutilizando o seu ministério, decidiu escrever a 1Ts e o fez da cidade de Corinto (cf. 1Ts 3,5).[3] Esta car-

---

estiveram em Tessalônica. Contudo, essa lembrança foi pensada em função da explicação da dúvida quanto ao retorno de Jesus Cristo. É preciso esperar trabalhando (cf. 1Ts 4,11-12). Enfim, em 1Ts 5,12, Paulo exorta os fiéis a serem concordes em relação aos que conduzem a comunidade, dando a entender que já havia um mínimo de organização eclesial. Apesar desses indícios, Paulo, pelo conjunto da carta, não considerou a obra da evangelização acabada.

[2] Silas e Timóteo ficaram em Bereia (cf. At 17,14) e depois, vindos da Macedônia, se reuniram a Paulo em Corinto (cf. At 18,5).

[3] Há quem defenda a fusão de duas cartas na 1Ts. Paulo teria escrito a primeira em Atenas, enviando-a por Timóteo, devido à perseguição sofrida e a sua impossibilidade de retornar. Já a segunda, Paulo a teria escrito em Corinto, depois do retorno e das notícias trazidas por Timóteo (PESCH, 1987; O'CONNOR, 2004, p. 118-122).

ta testemunha o vivo e paterno interesse de Paulo em relação à jovem Igreja, procurando conduzir, como zeloso pastor, a sua vida de fé e o seu progresso espiritual em Jesus Cristo.

Paulo chegou a Tessalônica por Filipos (cf. 1Ts 2,2) e, apesar dos vários sofrimentos que experimentou, considerou essa jovem Igreja a grande alegria da sua ação missionária: *De fato, qual é nossa esperança, nossa alegria, nossa coroa de glória diante do Senhor nosso Jesus, em sua vinda, senão vós? Vós sois, de fato, nossa glória e alegria* (1Ts 2,19-20).

Segundo a notícia de 1Ts 2,17-18, Paulo tentou retornar diversas vezes para Tessalônica, mas sem obter nenhum sucesso. É possível, de acordo com as notícias contidas em At 20,1-5, que, após os sérios conflitos enfrentados em Éfeso, Paulo tenha conseguido realizar a sua vontade, a partir do momento em que passou a visitar as comunidades por ele fundadas.

Pela datação da carta (50-51 a.C.),[4] nota-se que transcorreram cerca de vinte anos desde a Ascensão de Jesus (cf. Lc 24,50-52; At 1,6-11) e, segundo a narrativa, a proclamação pública da Igreja Apostólica no dia de Pentecostes (cf. At 2,1-36), até o surgimento da 1Ts. Esse tempo aparece dedicado à difusão do Evangelho, missão das testemunhas que Jesus Cristo deixou encarregadas de anunciá-lo a todos os povos (cf. Mt 28,19-20).

A vida e ação dos apóstolos e missionários atestam o empenho dedicado à pregação do Mistério Pascal, a fim de levar os interlocutores e destinatários da mensagem à conversão e ao conhecimento do plano salvífico de Deus (cf. Mt 28,18-20; 1Tm 2,4). A origem e a fundação das comunidades resultam desse empenho amoroso e fiel. O papel de Paulo, em todo esse processo, pos-

---

[4] "Como tempo de sua redação estimam-se os anos 50/51 d.C., algo embasado numa combinação da menção do procônsul Gálio em At 18,12 e da notícia em At 18,2 sobre o casal Prisca e Áquila, expulso de Roma pelo édito contra os judeus, emitido por Cláudio. Dessa maneira, a estada de fundação deve ser datada no ano 49/50 d.C." (SCHNELLE, 2010, p. 209).

sui um inegável mérito em virtude da sua dedicação exclusiva ao anúncio do Evangelho.

O querigma, núcleo central da pregação, foi a força motivadora da vida dos apóstolos e dos missionários: "Homens de Israel, escutai estas palavras: Jesus, o Nazoreu, homem credenciado por Deus para vós – pelos milagres, prodígios e sinais que Deus realizou por intermédio dele no meio de vós –, como vós mesmos sabeis, esse homem, entregue segundo o plano estabelecido e a presciência de Deus, vós o matastes, crucificando-o pelas mãos dos ímpios; mas Deus o ressuscitou, livrando-o das dores da morte, pois não era possível que ele ficasse retido por ela" (At 2,22-25; ver também At 3,12-16; 4,8-12; 5,29-32; 10,37-43).

Nesses vinte primeiros anos, percebe-se uma Igreja Apostólica em saída, profundamente marcada pelo desejo e empenho em anunciar Jesus de Nazaré, como o Cristo de Deus e o Senhor da história e de toda a humanidade. Paulo exemplifica bem essa atividade entre judeus e gentios (cf. At 9,19; 13,5.14; 17,16-34). Entre os judeus, anunciando Jesus como Cristo, isto é, o *Ungido* esperado (Messias), pois dele dão testemunho as Escrituras. Entre os gentios, anunciando Jesus como o *Senhor* universal (*Kyrios*), que liberta dos falsos deuses, ídolos vazios, e que concede a verdadeira paz, fruto da reconciliação realizada pelo seu sangue derramado na cruz.

Para refletir e aprofundar

A 1Ts testemunha a ação missionária e evangelizadora de Paulo: levar os interlocutores ao conhecimento de Jesus Cristo e a experimentar a eficácia da sua força transformadora da vida.

a) Que relação existe entre conhecimento do Evangelho e conversão a Jesus Cristo?

b) Por que Paulo usou a sinagoga para se comunicar e evangelizar?

c) Que critérios, argumentos e métodos, Paulo usou em Tessalônica?

4. A estrutura e o conteúdo de 1Ts

Após uma longa ação de graças a Deus, fazendo memória da convivência, da conversão dos que aderiram à pregação e que estão progredindo na fé (cf. 1Ts 1,2-3,13), tem início uma grande exortação sobre o comportamento condizente com a fé abraçada e sobre o retorno de Jesus Cristo. A vida cristã dos discípulos é intensa, operosa e repleta de esperança na segunda vinda do Ressuscitado, denominada *parusia* (cf. 1Ts 4,1-5,28).[1]

Em forma de esquema, a carta pode ser apresentada da seguinte maneira:

1,1: Saudação inicial
1,2-3,13: O apóstolo abre seu coração aos cristãos de Tessalônica
4,1-5,24: Recomendações, instruções e exigências em tom exortativo
5,25-28: Saudações finais

A *Saudação inicial* (1,1) possui dois pontos relevantes nas locuções: *Deus Pai* e *Senhor Jesus Cristo*. Quanto ao primeiro, está a aceitação de que Deus é o Pai de Jesus Cristo, revelação única

---

[1] Por ser o primeiro escrito tanto de Paulo como do Novo Testamento, esta é, igualmente, a primeira vez que se faz uso do termo *parusia*, que é empregado outras três vezes na carta (cf. 1Ts 3,13; 4,15; 5,23). O sentido do termo tem a ver com a notícia e a manifestação da chegada de alguém esperado. O termo, nesse sentido, passou para outros escritos neotestamentários, pelo qual se indica um conteúdo da fé: o retorno de Jesus Cristo previsto para os últimos tempos (cf. Mt 24,3.27.37.39; 1Cor 15,23; 16,17; 2Cor 7,6.7; Fl 1,26; 2,12; 2Ts 2,1.8.9; Tg 5,7.8; 2Pd 1,16; 3,4.12; 1Jo 2,28). É possível admitir que "o termo *parousia* foi introduzido por Paulo nessa carta e que é um termo político intimamente vinculado com o *status* da comunidade. A fórmula tradicional citada em 1Ts 1,9-10 contém elementos típicos da propaganda helenístico-judaica, em que se pede aos indivíduos que se convertam ao verdadeiro culto do 'Deus Vivo e Verdadeiro'. Mas Paulo, em sua própria linguagem, descreve a vinda do Senhor como a vinda de um rei ou César, para cujo advento a comunidade tem de estar preparada" (KOESTER, 2004, p. 160).

que o próprio Jesus trouxe (cf. Mt 11,25-27; Lc 10,21-22) e que transmitiu aos discípulos quando estes lhe pediram que os ensinasse a rezar como João Batista fazia com os seus discípulos (cf. Lc 11,1-4; Mt 6,5-15). O cristão, porém, só pode chamar Deus de Pai pela ação do Espírito Santo (cf. Mc 14,36; Rm 8,14-17; Gl 4,6). Quanto ao segundo, nota-se um duplo reconhecimento: Jesus é chamado de *Senhor* (*Kyrios*) e *Cristo* (*Messias*). Estes dois títulos, junto ao título *Filho de Deus*, denotam que o núcleo central da fé pautada na identidade e na missão de Jesus de Nazaré já havia atingido uma grande profundidade cristológica.

A *primeira parte* da carta (1,2–3,13) pode ser considerada uma grande *ação de graças* em forma narrativa. Paulo faz memória a partir dos momentos que experimentou junto aos tessalonicenses que aderiram à sua pregação. Na base disso, está a semente cristã que começou a crescer na vida dos fiéis em meio a grandes dificuldades e perseguições, pelas quais as relações interpessoais se fortalecem. É o Mistério Pascal de Jesus Cristo que continua a se realizar e se atualizar na vida de cada fiel.

Paulo fez esta memória, buscando mostrar as razões que justificam a sua ação de graças pela obra da salvação realizada por Deus Pai em seu Filho Jesus Cristo, na Igreja de Tessalônica. As relações estabelecidas denotam o amor profundo e fraterno entre Paulo, Silas e Timóteo, e os fiéis de Tessalônica. Esta obra de salvação é fruto da eficácia do Evangelho que eles anunciaram e que foi acolhido com generosidade. Os pronomes pessoais e seus respectivos verbos no plural, que se alternam na carta, justificam e exaltam essas relações ("nós... e vós..." ou "vós... e nós...").

A *segunda parte* da carta (4,1–5,24) contém instruções, exortações e recomendações do apóstolo para a comunidade considerada uma filha aos seus olhos (cf. 1Ts 2,7-12). Estas ações estão pautadas no conhecimento de Jesus Cristo (cf. Mt 20,28; Mc 10,45; Jo 15,12-14; 1Jo 3,16). O importante é que os fiéis busquem viver em harmonia, graças ao Evangelho que abraçaram: *E que o Senhor vos faça crescer e ir além em caridade uns pelos outros e para com todos, do mesmo modo que nós para convosco* (1Ts 3,12). A caridade desponta como o mais eloquente testemunho que pode ser dado diante dos que desprezaram o Evangelho. Não há um frio colóquio sobre os princípios morais que devem ser seguidos, mas Paulo buscou reforçar, junto aos destinatários da carta, os apelos que fez de viva voz, para ajudá-los a progredir na fé, já que três meses não foi tempo suficiente para fazê-los se tornarem adultos na fé.

O apóstolo Paulo aviou estas exortações apelando para quatro fundamentos:

a) **A vontade de Deus:** *E esta é a vontade de Deus: vossa santificação, afastando-vos da imoralidade sexual. Saiba cada um de vós manter seu próprio corpo em santidade e honra, não se deixando levar por paixão de desejo, como ocorre entre os gentios que não conhecem a Deus* (1Ts 4,3-5). *Estai sempre alegres. Constantemente orai. Em tudo dai graças, pois essa é a vontade de Deus em Cristo Jesus para vós* (1Ts 5,16-18).

b) **O ensinamento de Deus:** *A respeito da fraternidade, não tendes necessidade de que se vos escreva. Vós mesmos sois instruídos por Deus sobre como deveis amar uns aos outros. E, de fato, fazeis isso para com todos os irmãos em toda a Macedônia. Nós vos exortamos, porém, irmãos, a progredirem ainda mais* (1Ts 4,9-10).

c) **A Palavra do Senhor:** *Eis o que vos dizemos como Palavra do Senhor: nós, os vivos, os que ainda restarmos para a vinda do Senhor, não precederemos aqueles que adormeceram* (1Ts 4,15; cf. Mt 24,29-31).

d) **A autoridade do Senhor:** *De resto, irmãos, nós vos pedimos e exortamos no Senhor Jesus, conforme aprendestes de nós sobre como deveis caminhar para agradar a Deus – e assim já caminhais –, que progridais ainda mais. Sabeis, de fato, quais instruções vos demos da parte do Senhor Jesus* (1Ts 4,1-2).

A *saudação final* (5,25-28) também possui ricos elementos. O primeiro deles está em conformidade com a *saudação inicial*: se

Deus é Pai de Jesus Cristo e nele todos os fiéis foram feitos filhos (cf. Jo 1,12-13), então, os cristãos são irmãos (cf. Mt 23,8). Esta fraternidade vive e se alimenta das orações mútuas e se exterioriza através do *ósculo santo*. A carta deve ser *lida a todos os irmãos*. Sem dúvida, se todos os fiéis forem por ela instruídos e reconfortados, os benefícios se alargam para toda a comunidade. Se o desejo inicial foi de *graça e paz*, agora este auspício recebe a informação sobre a sua "fonte": *de nosso Senhor Jesus Cristo*, príncipe da paz (cf. Is 9,5) e que deu a sua paz aos seus (cf. Jo 14,27).

Para refletir e aprofundar

A carta coloca em evidência as profundas relações de afeto e amor entre Paulo e a jovem comunidade de Tessalônica.

a) Que interesses Paulo cultivou pela vontade de Deus e pelo bem dos fiéis?

b) De que forma Paulo combateu o culto a Baco e a falsa ideologia da *pax romana*?

c) Que relações existem entre a *autoridade do Senhor* e a autoridade de Paulo?

5. Relações entre 1Ts e os Evangelhos

Os quatro relatos sobre Jesus de Nazaré possuem um claro interesse teológico: propor respostas para três questões: *Quem é Jesus? Qual a sua missão? Como ser seu discípulo?*

Uma das principais afirmações que Paulo fez na 1Ts pode ser denominada: *confissão de fé em Jesus*, chamando-o Senhor (*Kyrios*) e Cristo (*Messias*). Esta confissão é o ponto decisivo de toda a pregação apostólica e pela qual se reconhece a identidade e a missão de Jesus, que foram experimentadas e vivenciadas por Paulo.

Ao lado da *confissão de fé em Jesus* encontra-se explícita a célula doutrinal a respeito de Deus Uno e Trino. Paulo menciona as Três Divinas Pessoas de modo distinto e afirma que *Deus é Pai* (cf. 1Ts 1,1.3; 3,11.13), que *Jesus Cristo é Senhor* (cf. 1Ts 1,1.3; 2,15.19; 3,11.13; 4,1.2; 5,9.23.28) e o *Espírito Santo* vem de Deus, e é quem convence e infunde alegria (cf. 1Ts 1,5.6; 4,8), completando a confissão de fé.

O núcleo da pregação apostólica (querigma) está devidamente presente em dois textos: 1Ts 1,9-10; 4,14-18. Não há referências à dimensão litúrgica da fé, isto é, à refeição em honra e no nome do Senhor Jesus, pela qual a comunidade faz memória do evento central da mensagem evangélica (cf. Mt 26,26-28; Mc 14,22-24; Lc 22,19-20; 1Cor 11,23-25; At 2,42-47). Contudo, o efeito da Eucaristia está compreendido como inerente à prática do *amor fraterno* (cf. 1Ts 4,9).

Uma única vez fica subentendido o problema com os judeus e judaizantes que não aceitam a salvação dos gentios e a sua entrada na Igreja (cf. 1Ts 2,16). Algo insólito, mas justificado pelo fato

43

de Tessalônica ter privilégios estatais, onde os problemas podiam ser compensados, como, por exemplo, pelo pagamento de fiança.

Muitos temas são comuns a 1Ts e aos Evangelhos:

I – Sinais operados confirmam a pregação. Esta dinâmica foi um método adotado nos quatro Evangelhos e nos Atos dos Apóstolos, mostrando que a pregação de Jesus Cristo e dos seus discípulos se confirma por milagres e sinais: exorcismos, curas e ressuscitação de mortos. Na carta, Satanás é citado (cf. 1Ts 2,18; 3,5), mas não existe nenhum relato de exorcismo.[1] Este ocorreu em Filipos e foi o que desencadeou os sofrimentos (cf. At 16,15-24). A certeza da ressurreição de Jesus Cristo, milagre por excelência da fé cristã, é citada como base da ressurreição dos que morreram, enquanto os vivos serão arrebatados. A ressurreição e a ascensão de Jesus Cristo são os fundamentos para o que acontecerá com os dois grupos (cf. 1Ts 4,13-18).

II – Assim como perseguiram Jesus Cristo, o tempo de perseguições continua intenso (cf. Jo 15,18–16,4). A igreja da Macedônia sofre tanto quanto as igrejas da Judeia. Note-se o plural.[2] O Evangelho

---

[1] Satanás e seus seguidores são, nos Evangelhos, adversários que procuram atrapalhar o anúncio da Boa-Nova e as ações de Jesus. Em 1Ts, Paulo disse que Satanás foi quem o impediu de regressar a Tessalônica. Satanás, citado na carta, poderia ser uma alusão à política imperial fortemente presente em Tessalônica (DONFRIED, 2004, p. 217). Na eleição dos Doze, segundo Mc 3,13-19, Jesus deu aos apóstolos o poder para expulsar ou pôr em fuga os demônios. Pode-se admitir que este poder deriva da vitória de Jesus sobre Satanás, não cedendo às tentações (cf. Mt 4,1-11; Mc 1,12-13; Lc 4,1-13). "O anúncio de Jesus, instaurando o Reino de Deus, denota a chegada do triunfo sobre toda espécie de mal" (FERNANDES; GRENZER, 2012, p. 94).

[2] Desde as origens da fé cristã, surgiram na Palestina, Síria, Ásia Menor e regiões do Mediterrâneo muitas e vivas comunidades cristãs. Delas faziam parte homens e mulheres que pertenciam a diversas regiões do mundo antigo e, como tal, possuíam uma proveniência sociológica, religiosa e cultural também muito diversa. É lícito dizer que estas comunidades cristãs primitivas tinham fisionomias diversas, porém, possuíam e viviam de um único e mesmo epicentro: a celebração pascal do mesmo *Senhor* e *Messias*, Jesus de Nazaré, Morto e Ressuscitado, que ardia no coração e na pregação das testemunhas oculares (cf. Lc 24,32) e dos missionários que levavam a fé por todas as regiões do império romano. Deste epicentro, brotavam algumas atividades também comuns: a) a vida litúrgica e o culto, recebidos segundo a instrução que Jesus deu na última ceia; b) o anúncio do Evangelho aos judeus e gentios para comunicar-lhes a fé em Jesus Cristo; c) a catequese dirigida aos catecúmenos e a instrução mistagógica dos

segundo Marcos, considerado o mais primitivo, propõe a formação do discípulo a partir das dificuldades e hostilidades. O caminho do discipulado é o da *via crucis* (FERNANDES, 2012, p. 34-41).

III – A prova de amor pelos irmãos é a doação da própria vida pela comunidade. Este dado é o elemento motivador que configura os cristãos a Jesus Cristo e reflete o mandamento de amar como ele ama (cf. Jo 15,9-17). Paulo viveu em primeira pessoa esta dimensão da vida cristã (cf. 1Ts 3,12; 5,13; Gl 2,20), e constantemente a lembrou aos seus ouvintes-leitores, tornando-a a base do célebre hino à caridade (cf. 1Cor 13).

IV – Os que aderem ao Evangelho fazem parte do Reino e da Glória de Deus (cf. 1Ts 2,12).

V – Jesus Cristo é a Palavra de Deus e a Verdade (cf. Jo 3,1-21), acolhido, pelos fiéis, não como palavra humana, "mas como realmente é: Palavra de Deus, a qual é atuante em vós, os que creem" (cf. 1Ts 2,13).

VI – A sedução do Tentador, que pode inutilizar a obra semeada pelo apóstolo (cf. 1Ts 3,4), lembra a parábola do joio e do trigo, com a sua explicação (cf. Mt 13,24-30.36-43).

VII – A prática do mandamento do amor é o que garante a vida de santidade e de esperança no *Dia do Senhor*,[3] isto é, por ocasião da segunda vinda de Jesus Cristo, que virá como um ladrão (cf. Mt 24,42-44; Lc 12,39-40). Este elemento metafórico foi muito usado no Novo Testamento (cf. 1Ts 5,2.4; 2Pd 3,10; Ap 3,3; 16,15).

VIII – A vontade de Deus é a santificação dos que acolhem o Evangelho e se afastam das paixões desordenadas (cf. 1Ts 4,3-8; Mt 6,10; Lc 10,16; Jo 3,16; 17,19).

IX – A base da conduta cristã deve ser a vida de acordo com a regra de ouro do Evangelho: "não fazer ao outro o que não se deseja

---

novos batizados. Em torno de tudo isto, raiz da Tradição Oral, se desenvolveu uma intensa atividade que se sedimentou por escrito no período denominado *Patrístico*.

[3] Cf. Jl 1,15; 2,1-11; 3,1-5; 4,9-17; Am 5,18-20; Sf 1,7.14-18; Ab 15; Ml 3,23-24; Is 13,1-13; Jr 4,5-31; Ez 13,1-16. Para uma abordagem do *Dia do Senhor* sob a ótica do perdão e da punição (FERNANDES, 2014, p. 383-389).

para si mesmo" (cf. Mt 7,12; Lc 6,31; Rm 13,8-10; Tb 4,15). Esta conduta aparece, claramente, numa das últimas exortações de Paulo: "Vede que ninguém retribua o mal com o mal, mas sempre buscai o bem seja entre vós, seja para todos" (1Ts 5,15).

X – A escatologia presente na carta, pela qual se professa a certeza da vinda gloriosa de Jesus Cristo no final dos tempos, como justo Juiz e Senhor de todo o universo (cf. 1Ts 4,13–5,11), corresponde ao enunciado no dia da Ascensão (cf. At 1,9-11), presente também nos Sinóticos (cf. Lc 24,50-51; Mc 16,19).[4] Na segunda vinda de Jesus, os mortos ressuscitarão, os céus e a terra serão renovados e o Reino de Deus será instaurado para sempre. É a vitória definitiva de Jesus Cristo, pois a morte é o último inimigo a ser destruído (cf. 1Cor 15,26).

Para refletir e aprofundar

A 1Ts possui muitos pontos de contato com o conteúdo presente nos Evangelhos. Estes pontos demonstram um percurso doutrinal da teologia paulina e alguns deles passaram para os Evangelhos, em particular para os Evangelhos segundo Marcos e Lucas, pois ambos estiveram ao lado de Paulo como companheiros de missão (cf. At 12,25; Cl 4,10; 1Tm 4,11; Fm 1,24). Há também muitos pontos em comum com o Evangelho segundo João.

a) Por que 1Ts não contém relatos de milagres e de curas, mas fala de fé operosa?

b) Por que os sofrimentos e perseguições são evidenciados em 1Ts?

c) Por que a vida fraterna é uma das principais características de 1Ts?

---

[4] O termo *parusia* possui destaque na literatura paulina (cf. 1Ts 2,19; 3,13; 4,15; 5,23; 1Cor 15,23; 2Ts 2,1.8). Nos Evangelhos é usado somente em Mateus (cf. Mt 24,3.27.37.39).

6. A cidade de Tessalônica

Esta cidade foi refundada entre os anos 316 e 315 a.C. por Cassandro, general de Alexandre Magno que, em dez anos, inaugurou um vasto império (333–323 a.C.). Tessalônica surgiu no lugar da antiga Terma e de outras 36 cidades (DONFRIED, 2004, p. 215). O nome da nova cidade foi uma homenagem que Cassandro fez a sua esposa, uma meia-irmã de Alexandre, que se chamava Tessalônica. Salônica é o nome da cidade atual situada na Grécia.

A importância da cidade vem da sua posição estratégica, no cruzamento de importantes rotas comerciais e militares. Tessalônica ficava "no ponto mais retraído do Golfo Termaico e na Via Egnatia" (SCHNELLE, 2010, p. 208); uma via militar que ligava as regiões em torno do Mar Egeu com Roma.[1] Do ponto de vista demográfico, Tessalônica, no século I d.C., chegou a ter cerca de 40 mil habitantes de todas as partes do Mediterrâneo (CROSSAN; REED, 2007, p. 148). Poucas cidades dominadas, pertencentes a Roma, possuíram tamanha população. Nos tempos de Paulo, Tessalônica e Corinto foram grandes centros comerciais de toda a Grécia; locais onde as ideias circulavam com grande facilidade. Este dado facilitou a correspondência escrita de Paulo com os cristãos de Tessalônica.

Uma prova da importância atribuída à cidade reside no fato de os romanos terem feito de Tessalônica a capital da Província da Macedônia, criada em 168 a.C. Em 148 a.C. se tornou sede do procônsul romano. Em At 17,6.8 encontra-se a expressão *politarcas*, isto é, "autoridades da cidade", responsáveis por manter o

---

[1] Para saber mais sobre a extensão e algumas particularidades da Via Egnatia, ver Fabris (2001, p. 316).

juramento de lealdade ao imperador (DONFRIED, 2004, p. 213). Esta referência permite dizer que Tessalônica desfrutou do *status* de cidade livre e isenta de impostos; foi regida por uma forma de governo republicano de matriz grega e recebeu, inclusive, o direito de cunhar moeda. Tudo isso graças à vitória de Otaviano (César Augusto) sobre Pompeu, que, devido a sua posição estratégica, havia feito de Tessalônica o seu quartel general.

A cultura grega foi predominante, apesar de seus habitantes serem artesãos, comerciantes e oradores provenientes não só da Grécia, mas de toda a Ásia Menor, do Egito e da Península Itálica. Dois ajudantes de Paulo podem confirmar esta diversidade étnica: *Aristarco*, que é um nome grego, e *Secundus*, que é um nome latino (cf. At 20,4). Paulo também encontrou uma sinagoga em Tessalônica, dado que confirma a presença de judeus na cidade (cf. At 17,1).

Dionísio, para os gregos, *Baco*, para os romanos, era a divindade local mais importante de Tessalônica; venerada durante as cerimônias públicas presididas por sacerdotes nomeados pelo Estado, a fim de garantir os ciclos vitais, a alegria e o vinho; mas não faltavam os fiéis devotos de Ísis e Serápis, deuses do panteão egípcio.[2] A pluralidade de divindades deveu-se à circularidade de culturas em todo o império romano.

De acordo com At 17,4, vários convertidos ao judaísmo (prosélitos e tementes), bem como judeus e nobres mulheres, creram em Jesus Cristo pela pregação de Paulo e Silas. Isto causou forte inveja em judeus eminentes que reuniram "na praça alguns homens maus" para provocar aglomerações e tumultos na cidade. Ao criar um tumulto público, esses judeus chamaram a atenção

---

[2] *Ísis* era a divindade egípcia responsável pelas cheias do Nilo, que nada mais eram do que as suas lágrimas derramadas pela morte de *Osíris*, seu esposo. A popularidade de *Ísis* alcançou proporções universais durante a época helenista e, através da devoção entre os gregos, chegou aos romanos. No tocante a *Serápis*, divindade greco-egípcia de Alexandria, deu-se a transposição ao culto que se fazia a *Ápis*, touro sagrado dos egípcios.

das autoridades que deviam zelar pela ordem pública, para não perturbar a *pax romana* ou a política religiosa assumida pelo imperador Cláudio.[3] Não encontrando Paulo e Silas, prenderam e entregaram Jasão com outros irmãos aos *politarcas*, sob uma falsa acusação, dizendo que os cristãos "agem contra os decretos do imperador, pois afirmam que existe outro rei, Jesus". Jasão e os outros irmãos foram postos em liberdade após pagarem fiança (cf. At 17,5-9). Duas coisas emergem: a) podia-se pagar fiança, o que exigia certa posição econômica; b) a falsa acusação tem o mesmo padrão ideológico da que foi usada pelos judeus a Pilatos, durante o processo de condenação de Jesus (cf. Jo 18,36-37; 19,12).

Para refletir e aprofundar

Tessalônica foi uma cidade grande e plural. Um centro urbano eclético e desafiador para o cristianismo dos primeiros anos e que teve em Paulo um audacioso evangelizador.

a) Que elementos sobre Tessalônica chamaram a sua atenção?
b) Por que, para evangelizar, é necessário conhecer o local e o modo de viver das pessoas?
c) Que elementos do judaísmo e do paganismo Paulo soube usar para evangelizar?

---

[3] "Desde o edito de Cláudio, as comunidades judaicas procuraram fortemente evitar, primeiramente nos lugares onde viviam, que o novo movimento cristão fixa-se raízes; se não podiam evitá-lo, então faziam questão de não se identificar com os cristãos, a fim de que as repressões contra os cristãos não os atingissem também. Eles queriam deixar bem claro: esses agitadores não eram dos seus. Tessalônica pode ter sido o primeiro caso" (THEISSEN, 2009, p. 299-300).

7. Cronologia[1]

Data	Fatos	Imperadores
6 a 4 a.C. 1 a 5 d.C.	Nascimento de Paulo	Augusto (27 a.C. a 14 d.C.)
27 ou 30 (33?)	Morte de Jesus Cristo	Tibério (14-37 d. C.)
33 ou 34	Martírio de Estêvão e conversão de Paulo	
33-36	Ida para a Arábia e retorno a Damasco	
36 ou 37	Primeira viagem a Jerusalém	Calígula (37-41 d.C.)
37-42	Estadia em Tarso	
42	Chegada a Antioquia	Cláudio (41-54 d.C.)
44	Ano da fome: viagem de Paulo a Jerusalém	
45-48	Primeira viagem missionária	
48 ou 49	Reunião apostólica em Jerusalém; Conflito com Pedro em Antioquia	
49-52	Segunda viagem missionária	
49-50	Estadia em Filipos	
50	Estadia em Tessalônica e Bereia	

---

[1] Que o leitor não se surpreenda com a diversidade das datas atribuídas aos fatos da vida de Paulo. A tabela acima é uma síntese a partir de cinco propostas (HOLZNER, 1994, p. 572; SACCHI, 1996, p. 61-68; SÁNCHEZ BOSCH, 2002, p. 16-17; O'CONNOR, 2001, p. 17-46; SCHNELLE, 2010, p. 49-61).

50-52	Estadia em Atenas e Corinto; *Primeira Carta aos Tessalonicenses*	Diante do tribunal de Galião
53-58	Terceira viagem missionária	
54-57	Estadia em Éfeso	
54-55	*Carta aos Gálatas*	Nero (54-68 d.C.)
56	*Primeira Carta aos Coríntios*	
57	Fuga de Éfeso; *Segunda Carta aos Coríntios*; viagem a Ilíria	
57-58	Inverno transcorrido em Corinto; *Carta aos Romanos*	
58	Última viagem a Jerusalém	
58-60	Cativeiro transcorrido em Cesareia Marítima	
61-62	Viagem para Roma	
62-64	Primeiro cativeiro em Roma; cartas do cativeiro (*Cl, Ef, Fm, Fl*)	
64	Viagens pelo Oriente, Creta e Espanha	
64-66	Inverno em Nicópolis; *Primeira Carta a Timóteo e Carta a Tito*	
66-67	Segundo cativeiro em Roma; *Segunda Carta a Timóteo*; martírio em Roma	

PARTE II

Hermenêutica dos textos

A proposta de compreensão e interpretação que se segue faz uso de uma metodologia simples: texto e sua leitura contextualizada em forma de breve comentário, interagindo, na medida do possível, com outros textos bíblicos, em particular com os do NT. No final, algumas questões são propostas para que se continue a reflexão do tema central de cada texto analisado.

1. Ação de graças
(1,2-10)

1²Damos sempre graças a Deus por todos vós, fazendo continuamente memória de vós em nossas orações, ³recordando diante de Deus, nosso Pai, vossa fé operante, vossa caridade laboriosa e vossa esperança constante no Senhor nosso Jesus Cristo, ⁴sabendo, irmãos amados por Deus, qual é vosso chamado. ⁵Porque nosso Evangelho não chegou a vós somente em palavra, mas também com poder, no Espírito Santo, e pleno de convicção, conforme sabeis que estivemos entre vós por causa de vós. ⁶E vós vos tornastes nossos imitadores, como também do Senhor, tendo recebido a Palavra entre muitas aflições, mas com a alegria do Espírito Santo, ⁷de modo a tornar-vos modelo para todos aqueles que creem, tanto na Macedônia como na Acaia. ⁸Porque, partindo de vós, a Palavra do Senhor não só ressoou na Macedônia e na Acaia, mas a todo lugar vossa fé diante de Deus tem chegado, de modo que já não há mais necessidade de que falemos disso. ⁹De fato, conta-se a vosso respeito qual não foi a receptividade que tivemos junto de vós, e de como vos voltastes dos ídolos para Deus, para servir o Deus vivo e verdadeiro, ¹⁰e para aguardar dos céus o seu Filho, a quem ressuscitou dos mortos, Jesus, aquele que nos livra da ira que está por vir.

Paulo não fala apenas em seu nome, mas usa o plural: *Damos sempre graças a Deus por todos vós.* Essa dimensão comunitária é uma postura inclusiva. Entre os que estão com Paulo e os fiéis de Tessalônica está uma ação não ocasional, mas contínua: a ação de graças a Deus. Com isso, Paulo transmite um ensinamento aos dois grupos e gera neles uma postura a ser imitada.

A forma como essa ação de graças é feita indica como Paulo se colocou diante de Deus para apresentar os seus interlocutores: *fazendo continuamente memória de vós em nossas orações*. A ação anamnética (fazer memória) evoca a ação do Senhor Jesus na última ceia, quando ordenou aos seus discípulos: *fazei isto em memória de mim* (Lc 22,19; 1Cor 11,24).

A memória é uma ação que torna algo ou alguém sempre presente na vida. A memória à qual Paulo se refere possui o sabor e o sentido eucarístico. Ao se fazer memória, afirma-se como a mente está ocupada, isto é, com o que e com quem, e de que forma ou com que frequência: *continuamente*. Este advérbio evoca o *sempre* da ação de graças na alusão anterior. Com isso, a memória de Paulo, e dos que com ele estão, é apresentada diante de Deus: *em nossas orações*.

Não se menciona uma ocasião específica. O tempo está ocupado não só com o trabalho que permitiu a Paulo e aos seus companheiros conseguir o sustento diário, para não serem pesados à comunidade (cf. 1Ts 2,9-10), mas o tempo também foi ocupado com as orações. Assim, o tempo passa a ser qualificado pela memória que se faz, lembrando dos que são apresentados diante de Deus e o tipo de orações que são feitas: *ação de graças*.

Assim, a comunicação se estabelece: Paulo e seus companheiros são os que oram (sujeitos da ação); a memória que fazem dos fiéis de Tessalônica é o conteúdo da oração e o modo como é feita essa comunicação (oração de ação de graças) e a quem a comunicação se dirige: a Deus (sujeito destinatário). Como, porém, Paulo está escrevendo aos fiéis de Tessalônica, toda a dinâmica comunicativa é partilhada e participada aos seus interlocutores. Por isso, o conteúdo da memória é descrito: *recordando diante de Deus nosso Pai, vossa fé operante, vossa caridade laboriosa e vossa esperança constante no Senhor nosso Jesus Cristo*.

Paulo, ao dizer: *Deus nosso Pai*, tem em mente toda a tradição religiosa do seu povo que, em vários textos sagrados, já considerava Deus como pai (cf. 1Cr 29,10; Is 63,13; 64,7; Tb 13,4). Acima de tudo, porém, Paulo tem presente a oração que Jesus ensinou aos seus discípulos (cf. Mt 6,9-13). A comunidade dos fiéis de Tessalônica foi fundada segundo o mesmo critério que Jesus usou para viver com os seus discípulos: formar a família dos filhos de Deus. Nota-se, então, que Paulo não se está dirigindo a súditos, mas a irmãos na fé. E esta fé tem uma característica singular: *é operante*. A fé é um dom que Deus concede, principalmente, para operar a sua vontade na própria vida e, por ela, se tornar uma testemunha digna de crédito no mundo.

Há, para Paulo, uma relação profunda entre *fé operante* e *caridade laboriosa*. Acreditar em Deus e não se comportar segundo a vontade de Deus é uma incoerência. Se Deus é amor (cf. 1Jo 4,8.16), um crente é reconhecido por sua *fé operante* e sua *caridade laboriosa*. Não há dicotomia, mas uma sincronia entre as duas ações. O labor da caridade no fiel ocorre, em particular, pelas obras de misericórdia, forma singular de configuração ao Senhor Jesus (cf. Mt 25,31-46), e fonte orientadora das profundas relações que se estabelecem em comunidade (cf. 1Cor 13,1-13). Com isso, o interesse de cada fiel fica direcionado para toda a comunidade e vice-versa. O cuidado mútuo fortalece as relações e revigora a prática segundo o Evangelho anunciado.

Paulo, curiosamente, não citou a esperança entre a fé e a caridade, mas deixou para falar dela no final, evocando a sua constância. Dessa forma, Paulo revela a dinâmica da vida cristã, segundo a qual, sem *esperança constante*, a fé não é operante e a caridade não é laboriosa. Não se trata de um elogio, mas de uma constatação dos efeitos da conversão a Jesus Cristo.

Dessa forma, compreende-se que as três virtudes citadas estão posicionadas entre *Deus nosso Pai* e o *Senhor nosso Jesus Cristo*.

A orientação é a mesma para as três: *fé operante em Jesus Cristo, caridade laboriosa em Jesus Cristo e esperança constante em Jesus Cristo*. Paulo, por esta orientação, insiste na fraternidade: *irmãos amados por Deus*, e revela que as ações derivadas das três virtudes correspondem ao conteúdo da vocação cristã e a ela dão verdadeiro sentido.

De onde derivam as três virtudes que Paulo encontra nos fiéis de Tessalônica? Da força do Evangelho e da forma como foi anunciado: *Porque nosso Evangelho não chegou a vós somente em palavra, mas também com poder, no Espírito Santo, e pleno de convicção, conforme sabeis que estivemos entre vós por causa de vós.*

Por detrás da alusão a *nosso Evangelho* está, certamente, Jesus Cristo, a sua pregação e seus milagres, isto é, a sua obra redentora. Contudo, o termo "evangelho", na ocasião em que a carta foi escrita, não se referia aos relatos literários que contêm as palavras e as ações de Jesus Cristo, mas indica, pelo menos, três momentos: a) o anúncio da Boa-Nova nos lábios de Jesus Cristo; b) a concretização do anúncio feito por Jesus Cristo em seu Mistério Pascal; c) o núcleo da pregação apostólica sobre Jesus Cristo, isto é, o querigma (FERNANDES, 2012, p. 8-12).

A cristalização desses três momentos confluiu na elaboração de um gênero literário particular que recebeu o nome de Evangelho. Cada um dos quatro relatos (Mateus – Marcos – Lucas – João) testemunha um processo vivo de formação que resultou num escrito sobre a vida e a obra de Jesus Cristo, anunciado às comunidades pelos que foram as testemunhas diretas, isto é, os apóstolos que, por sua vez, confirmaram a experiência pessoal que Paulo teve de Jesus Cristo e de sua missão entre os gentios (cf. Gl 2,8-9).

Ao *Pai nosso* e *Senhor nosso Jesus Cristo* se afirma e se fundamenta o que Paulo denomina de *nosso Evangelho*. Este não é apenas uma palavra pregada por Paulo e seus companheiros, mas é a manifestação do dinamismo próprio do *Espírito Santo*. Nota-se que, já nos primeiros cinco versículos da carta, estão referidas as Três Divinas Pessoas: o Pai, Jesus Cristo e o Espírito Santo.

A relação estabelecida entre *palavra* e *poder* tem a ver com toda a dinâmica das narrativas contidas nas Escrituras, pelas quais se faz conhecer a manifestação de Deus na história em suas várias etapas. Desse mesmo modo, Jesus Cristo se manifestou e agiu, sendo reconhecido como um profeta poderoso em palavras e obras, diante de Deus e do povo (cf. Lc 24,19; At 10,34-43). Na base está o programa messiânico que Jesus Cristo assumiu sob a unção e ação do Espírito Santo e sobre o qual pautou a sua vida e ministério público (cf. Lc 4,18-19). Assim como a palavra anunciada por Jesus Cristo foi confirmada pela ação no *Espírito Santo*, de igual modo acontece no ministério apostólico de Paulo e seus companheiros.

A efusão do Espírito Santo sobre a Igreja, desde o dia de Pentecostes (cf. At 2,1-40; Jl 3,1-5), é o *poder* que confirma a pregação e atualiza a mensagem de Jesus Cristo (cf. Jo 14,15.26). Esse poder, na carta, não está associado a milagres ou sinais prodigiosos, mas à convicção percebida no modo de falar e de agir de Paulo e seus companheiros no seio da comunidade: *conforme sabeis que estivemos entre vós por causa de vós.* Assim transparece a verdadeira intenção da relação entre a *palavra* e o *poder* na evangelização e da relação de Paulo e de seus companheiros com os fiéis de Tessalônica: *entre vós por causa de vós.*

A continuidade da presença e da ação de Jesus Cristo, na vida da Igreja acontece por obra e graça do Espírito Santo, que configura cada batizado a Jesus Cristo. Este é o sentido da imitação à qual Paulo faz alusão: *E vós vos tornastes nossos imitadores, como também do Senhor, tendo recebido a Palavra entre muitas aflições, mas com a alegria do Espírito Santo.* Essas aflições se referem à hostilidade que provocou a saída e a perseguição de Paulo e de seus companheiros, bem como às consequências derivadas da abertura e da acolhida dos que abraçaram a fé (cf. At 17,1-9). Em meio a essas aflições não se experimentou algum tipo de angústia, mas a *alegria do Espírito Santo*. A alegria é um dos frutos do Espírito Santo na vida do fiel (cf. Gl 5,22-23).

Paulo reconheceu que essa imitação tornou-se um critério de vida e passou a ser imitado por outras comunidades. A irradiação dos exemplos de fé dos fiéis de Tessalônica foi equiparada por Paulo à atividade missionária de longo alcance: *de modo a tornar-vos modelo para todos aqueles que creem, tanto na Macedônia como na Acaia. Porque, partindo de vós, a Palavra do Senhor não só ressoou na Macedônia e na Acaia, mas a todo lugar vossa fé diante de Deus tem chegado, de modo que já não há mais necessidade de que falemos disso.* Este elogio de Paulo atesta a forma e a intensidade com a qual a *Palavra do Senhor* foi acolhida, assimilada e levada, como testemunho, para fora de Tessalônica. O exemplo de fé dos fiéis ganhou força de tradição viva, capaz de influenciar outras comunidades, porque foi confirmado e aprovado por Deus. Digna de nota, logo no início da carta, é a constatação da fé e da forma como ela é vivida e se propaga: *de modo que já não há mais necessidade de que falemos disso.* A fé dos fiéis de Tessalônica dispensa palavras, reflexão, tinta e pergaminho. Paulo é perspicaz: "não chove no molhado!". Não trata do que é sólido na vida da comunidade, mas do que ainda precisa ser solidificado.

A fé dos fiéis de Tessalônica atesta uma radical mudança de vida e de comportamento. O que está na base dessa mudança? Em primeiro lugar, a acolhida do Evangelho na pessoa de Paulo e de seus companheiros de missão: *De fato, conta-se a vosso respeito qual não foi a receptividade que tivemos junto de vós.* Em segundo lugar, a consequência dessa acolhida e o abandono do erro religioso: *de como vos voltastes dos ídolos para Deus, para servir o Deus vivo e verdadeiro.* Esta é uma passagem radical das trevas à luz; da injustiça à justiça; da mentira à verdade.

Essa radicalidade de transformação moral e religiosa tem uma forte motivação: *para aguardar dos céus o seu Filho, a quem ressuscitou dos mortos, Jesus, aquele que nos livra da ira que está por vir.* Aparecem condensados, aqui, três conteúdos fundamentais da fé cristã e da evangelização: Jesus é o Filho do Deus vivo e verdadeiro que vai voltar (cf. Mt 25,31-46; Mc 8,38; Lc 9,26; 12,40; 18,8; 24,50-53; At 1,6-11); Jesus foi ressuscitado dos mortos pelo Deus vivo e verdadeiro (cf. At 2,24.32; 3,15; 4,10; 5,30; 10,40; 13,30.37; Rm 10,9); Jesus é quem livra da sentença do justo juiz, quando a ira de Deus, que está por vir, se manifestar, porque não veio para condenar o mundo, mas para salvá-lo (cf. Jo 3,17; 2Cor 5,19). No Antigo Testamento (AT), esta ira foi anunciada pelos profetas em diversas ocasiões e ficou associada à manifestação do *Dia do Senhor.*

Para refletir e aprofundar

1Ts 1,2-10 ambienta e prepara o que Paulo tratará ao longo da carta. Na acolhida da sua pessoa e dos seus colaboradores está um sinal da forma como a Palavra de Deus foi acolhida pelos fiéis de Tessalônica e notam-se os frutos que por ela foram gerados.

a) Como se relacionam as três virtudes teologais: fé, esperança e caridade?

b) Como essas três virtudes estão sendo vivenciadas na sua comunidade de fé?

c) Na sua vida, as virtudes teologais estão em sintonia com a Palavra de Deus e seus frutos?

2. Memória do anúncio do Evangelho (2,1-12)

2 ¹De fato, vós sabeis, irmãos, que nossa estada junto de vós não foi em vão. ²Sabeis que, antes de chegar a vós, tínhamos sofrido e sido humilhados em Filipos, o que, no entanto, aumentou nossa confiança em nosso Deus para vos falar de seu Evangelho entre muitos combates. ³De fato, nossa exortação não é feita de engano, nem de motivações impuras, nem de falsidade. ⁴No entanto, do modo como fomos provados por Deus como fiéis ao Evangelho, assim falamos, como quem deseja agradar não a homens mas a Deus, que prova nosso coração. ⁵De fato, nunca me apresentei com palavras galanteadoras, como sabeis, nem sob pretexto de lucro – Deus é testemunha –, ⁶tampouco buscando a glória dos homens, seja de vós, seja de outros. ⁷Ainda que sejamos apóstolos de Cristo, com toda a autoridade, estivemos como crianças em vosso meio. Assim como uma ama que nutre sua própria prole, ⁸desse modo, querendo-vos bem, quisemos vos entregar não somente o Evangelho de Deus, mas também nossas vidas, porquanto vos tornastes amados a nós. ⁹De fato, recordais, irmãos, nosso esforço e fadiga, noite e dia, trabalhando para não sermos pesados a nenhum de vós, durante o tempo em que vos anunciávamos o Evangelho de Deus. ¹⁰Vós sois testemunhas, e Deus também o é, de como procedemos de maneira santa, justa e sem reprovação para convosco, os que creem. ¹¹Conforme sabeis, tratando a cada um de vós como um pai a seu próprio filho, ¹²exortando-vos, consolando-vos e encorajando-vos para que andeis da maneira digna de Deus, aquele que vos chama para seu próprio reino e glória.

Após a ação de graças (cf. 1Ts 1,2-10), Paulo começa a fazer memória do tempo em que passou em Tessalônica. Essa memória evoca um conhecimento que deriva dos frutos da missão. Paulo não falou de sucesso ou de resultados extraordinários alcançados em Tessalônica, mas da certeza de que seu ministério foi frutuoso: *De fato, vós sabeis, irmãos, que nossa estada junto de vós não foi em vão.* É uma certeza que poucos conseguem ter e atestar com convicção. Além de não ter sido em vão, também não foi uma estada pesada.

Em Filipos, sofrimento e humilhação precederam a chegada e a estadia de Paulo e de seus companheiros em Tessalônica: *Sabeis que, antes de chegar a vós, tínhamos sofrido e sido humilhados em Filipos.* O texto de At 16,9-40 narra o que se passou em Filipos. Essa lembrança aponta para um dado peculiar da evangelização: Paulo e os seus companheiros não se renderam nem se deixaram abater pelo mal que sofreram, mas fizeram dos obstáculos uma razão para continuar firmes na tarefa da evangelização. Por isso Paulo disse: *o que, no entanto, aumentou nossa confiança em nosso Deus para vos falar de seu Evangelho entre muitos combates.* Característica da vida e ação de Paulo foi a de não se render diante das dificuldades, mas fazer delas um forte motivo para prosseguir firme e decidido na missão evangelizadora. A verdade do Evangelho e a virtude do apostolado ficaram, por assim dizer, comprovados e testemunhados.

Por certo, a integridade das palavras e das ações de Paulo fundamentou-se na integridade da pregação e das ações de Jesus Cristo. Paulo, em tudo, procurou se assemelhar a Jesus Cristo. Esta é a força da convicção que sempre foi usada no anúncio do Evangelho da verdade. A adesão a Jesus Cristo, na unção do Espírito para a glória de Deus, foi sem dúvida a grande transformação que aconteceu na vida de Paulo, que o impulsionou a percorrer o mundo e a suportar todas as formas de adversidade para transmitir, pelo testemunho de vida, a verdade que liberta (cf. Jo 8,31-32). A ligação entre sofrimento e missão na vida de Paulo aparece desde a experiência em Damasco (cf. At 9,16). Por isso, Paulo afirmou de forma apologética: *De fato, nossa exortação não é feita de engano, nem de motivações impuras, nem de falsidade.* Esta apologia podia, talvez, ter tido uma direção certa: os que evangelizavam com segundas intenções (BARBAGLIO, 1989, p. 83-85). Do ponto de vista religioso, podia ser aplicado tanto aos judeus quanto aos gentios, mas também aos falsos apóstolos que não se comportavam de acordo com o Evangelho.

Segundo Paulo, o ministério dedicado ao Evangelho, para ser verdadeiro, acontece em meio a diversas provações. Estar do lado de Deus e fazer a sua vontade são ações atestadas em quem fica do lado do bem, da justiça e da verdade, trabalhando pela edificação da paz. O Evangelho anunciado por Paulo e seus companheiros, entre os tessalonicenses, não era a proclamação de mais uma religião, mas a força de um evento salvífico, atestado pelo Mistério Pascal de Jesus Cristo. Não um amor feito de palavras, mas concretizado na total doação na cruz: "Ninguém tem maior amor do que aquele que dá sua vida em favor dos amigos" (Jo 15,13). Paulo assimilou e fez disso o seu diferencial apostólico.

Para evangelizar é preciso ser digno do Evangelho. Tornar-se digno do Evangelho mediante as provações suportadas, objetivando fazer a vontade de Deus, e não a bajulação humana, típica das ações políticas e até religiosas (cf. Gl 1,10): *No entanto, do modo como fomos provados por Deus como fiéis ao Evangelho, assim falamos, como quem deseja agradar não a homens, mas a Deus, que prova nosso coração.* Paulo estava convicto e certo de que o ministério que exerceu foi confirmado pelas muitas e difíceis provações que enfrentou junto com seus companheiros. Quanto mais obstáculos, mais certeza Paulo teve de que estava realizando a vontade de Deus. Esta é a linguagem da cruz (cf. 1Cor 1,17-31).

Por causa disso, forjado pelas provações e dificuldades, ele buscou o bem e a salvação dos seus interlocutores sem usar subterfúgios da linguística ou por espúrios interesses. Talvez não fosse loquaz (cf. 2Cor 10,10). O agir reto de Paulo formou a sua consciência diante de Deus, a quem evocou como testemunha de que falou a verdade: *De fato, nunca me apresentei com palavras galanteadoras, como sabeis, nem sob pretexto de lucro – Deus é testemunha –, tampouco buscando a glória dos homens, seja de vós, seja de outros.* Somente a liberdade, que brota da verdade na caridade, podia estar na base dessa forte declaração. Com isso, Paulo deu aos fiéis de Tessalônica a possibilidade de avaliar quem falava a verdade e quem vivia de acordo com o que falava. A menção ao *pretexto de lucro* permite perceber que já na época de Paulo o Evangelho era usado com essa finalidade, o que para ele era espúrio e comprometia a missão, razão pela qual se sustentava com o suor do próprio trabalho.

Apesar da posição eclesial de apóstolos e da autoridade que dela deriva, a postura de Paulo e de seus companheiros não foi de arrogância, mas de simplicidade e humildade: *Ainda que sejamos apóstolos de Cristo, com toda a autoridade, estivemos como crianças em vosso meio.* A imagem da criança aqui usada lembra e se adéqua, perfeitamente, à exortação feita por Jesus Cristo aos seus discípulos: "Amém, eu vos digo: se não mudardes e não vos tornardes como crianças, nunca entrareis no Reino dos Céus. Portanto, aquele que se humilhar como esta criança, esse é o maior no Reino dos Céus; e aquele que acolher uma criança como esta em meu nome, a mim acolhe" (Mt 18,4-5).

Estar como criança foi a postura humilde, mas não a ação do apostolado, assumida de forma materna: *Assim como uma ama que nutre sua própria prole.* A ama não é a mãe, mas a criada que amamenta, além da própria prole, a prole da sua senhora. Parece contraditório, mas não é, pois o apostolado é uma ação eclesial e a Igreja é mãe para os filhos que gera pelo batismo. O Evangelho, pela forma como foi anunciado, evoca o leite materno que nutre a prole (cf. 1Cor 3,2). Por esse gesto de amamentar manifesta-se o amor que une a *ama* à *própria prole*. É um gesto de quem doa não apenas o leite, mas a si mesmo, e estabelece o vínculo do amor: *desse modo, querendo-vos bem, quisemos vos entregar não somente o Evangelho de Deus, mas também nossas vidas, porquanto vos tornastes amados a nós.* O amor que se quer receber se encontra no amor que se doa! Com essa imagem, nota-se o tom de denúncia contra os que geram filhos e fiéis, mas depois não cuidam deles. O ato de querer dar a própria vida, a exemplo de Jesus Cristo, encontra-se também em Rm 4,7.

O desabafo contra todo tipo de exploração à custa do Evangelho prossegue e ganha novo endereço: o trabalho com as próprias mãos para se obter o próprio sustento e, assim, não onerar os fiéis: *De fato, recordais, irmãos, nosso esforço e fadiga, noite e dia, trabalhando para não sermos pesados a nenhum de vós, durante o tempo em que vos anunciávamos o Evangelho de Deus.* Um detalhe surge dessa lembrança. Se, *noite e dia*, Paulo e seus companheiros trabalharam, que tempo sobrou para anunciar o Evangelho de Deus? É possível que o Evangelho de Deus tenha sido anunciado, de modo particular, aos sábados, dia em que se ia para a sinagoga (cf. At 9,20; 13,4.14-15; 14,1; 17,1-4), mas nada impede de pensar que, enquanto trabalhavam, anunciavam o Evangelho. E que tipo de trabalho realizaram? Paulo sabia tecer tendas (cf. At 18,2-3). Não depender economicamente dos fiéis foi uma estratégia particular de Paulo. Assim, sentiu-se livre para não fazer da evangelização um meio lucrativo.

As atitudes evocadas não têm como ser negadas. Os fiéis são testemunhas de que Paulo agiu como declarou e, além deles, chamou em causa o próprio Deus: *Vós sois testemunhas, e Deus também o é, de como procedemos de maneira santa, justa e sem reprovação para convosco, os que creem.* A forma ilibada de comportamento para Paulo foi uma condição essencial para confirmar o conteúdo do Evangelho. Com isso, deu-se aos *que creem* o testemunho a ser seguido e imitado (cf. 1Ts 1,6).

Toda lembrança evocada por Paulo se dirige, novamente, para a esfera e dinâmica familiar. Se antes Paulo referiu-se à *criança* e à *ama*, numa relação de aleitamento, agora passou à relação *pai* e *filho*: *Conforme sabeis, tratando a cada um de vós como um pai a seu próprio filho.* Pela sequência verbal usada, Paulo não apenas fez menção ao que tipicamente tocava a um pai fazer em relação ao seu filho, mas criou o vínculo com a paternidade divina e com a novidade do comportamento que deriva da vocação e da sua finalidade: *exortando-vos, consolando-vos e encorajando-vos para que andeis da maneira digna de Deus, aquele que vos chama para seu próprio reino e glória.* Por detrás das imagens materna e paterna, Paulo está, sutilmente, dando a entender, por um lado, que se sabe responsável pelos fiéis, mas, por outro lado, reivindica o direito ao respeito que lhe cabe como apóstolo. Nisto consiste a sua paga como evangelizador.

Para refletir e aprofundar

As três ações descritas – *exortando-vos, consolando-vos e encorajando-vos* –, a razão para as mesmas – *para que andeis da maneira digna de Deus* – e a realização da vontade de Deus – *aquele que vos chama para seu próprio reino e glória* – sintetizam a índole teológica e mostram como Paulo pensou a articulação da carta e os seus objetivos em relação aos fiéis de Tessalônica.

a) A três ações descritas fazem parte do cotidiano da sua vida e da sua comunidade?

b) O comportamento cotidiano, *da maneira digna de Deus*, tem sido condizente com o conhecimento que se tem de Deus?

c) Como são notadas e tratadas as ações lucrativas à custa do Evangelho?

3. Recepção da Palavra de Deus
(2,13-16)

2¹³E, por isso, também nós damos graças a Deus continuamente, pois, tendo acolhido a Palavra de Deus, que ouvistes de nós, vós a recebestes não como uma palavra humana, mas como realmente é: Palavra de Deus, a qual é atuante em vós, os que creem. ¹⁴De fato, irmãos, vós vos tornastes imitações das igrejas de Deus que estão na Judeia, em Cristo Jesus, porque vós sofrestes da parte de vossos próprios concidadãos, do mesmo modo que eles da parte dos judeus. ¹⁵Eles mataram o Senhor Jesus e os profetas e nos têm perseguido; não agradam a Deus e têm sido hostis a todas as pessoas. ¹⁶Eles querem nos impedir de falar aos gentios para que se salvem. Com isso, completam a medida de seus pecados, atraindo sobre si a ira para o fim.

Para Paulo, a ação de graças e a lembrança do primeiro anúncio, feitas até o presente momento da carta, encontram a sua fundamentação no acolhimento que a Palavra de Deus recebeu naqueles que creram. Percebe-se a dinâmica comunicação do Evangelho. Entre o sujeito emissor, Paulo e seus companheiros, e o sujeito receptor, os fiéis de Tessalônica, está a Palavra de Deus (mensagem). Se a postura do grupo evangelizador revela a total disponibilidade em anunciar, a postura do grupo evangelizado revela a total disponibilidade em acolher tal anúncio.

Para além de uma simples ação comunicadora da mensagem, Paulo revela o diferencial: a palavra que foi anunciada e foi acolhida não é palavra humana, mas a Palavra de Deus. Foi como afirmou: *E, por isso, também nós damos graças a Deus continua-*

mente, pois, tendo acolhido a Palavra de Deus, que ouvistes de nós, vós a recebestes não como uma palavra humana, mas como realmente é: Palavra de Deus, a qual é atuante em vós, os que creem. Paulo disse quase a mesma coisa aos fiéis de Corinto (cf. 1Cor 2,1-5).

Por detrás dessa afirmação de Paulo encontra-se um eco das sábias palavras que Gamaliel pronunciou diante do Sinédrio, persuadido de que o critério do discernimento deveria ser aplicado aos seguidores de Jesus Cristo: o que é projeto dos homens pode ser destruído, mas não o que é projeto de Deus: *a qual é atuante em vós, os que creem.* Eis as sábias palavras de Gamaliel (At 5,35-39):

> "Homens de Israel, atentai bem ao que ides fazer a esses homens! [36]Antes destes nossos dias, surgiu Teudas, pretendendo ser alguém, e cerca de quatrocentos homens se juntaram a ele. Ele foi eliminado, e todos os que se tinham deixado persuadir por ele foram disseminados e acabou em nada. [37]Depois dele, na época do recenseamento, surgiu Judas, o Galileu, e arrastou o povo atrás de si. Ele pereceu, e todos os que se tinham deixado persuadir por ele foram dispersados. [38]E agora eu vos digo: não vos ocupeis com esses homens e deixai-os ir. Porque, se este projeto ou esta obra for dos homens, será destruída; [39]mas, se é de Deus, não podereis destruí-los. Não aconteça que vos encontreis lutando contra Deus!" E foram persuadidos por ele.

Era de esperar que Paulo começasse a listar um grande número de sinais e prodígios operados por Deus entre os que creram. É verdade, porém, que já havia dito que o Evangelho não chegou somente em palavra, mas também com poder, no Espírito Santo (1Ts 1,4). No entanto, a ação da Palavra de Deus, à qual Paulo quis fazer referência, aponta para a dimensão eclesial que identificou a igreja de Tessalônica com as igrejas de Deus da Judeia: De fato, irmãos, vós vos tornastes imitações das igrejas de Deus que estão *na Judeia, em Cristo Jesus.* O sofrimento por causa de Jesus Cristo e do seu Evangelho é o que existe em comum e concretiza, por um lado, as bem-aventuranças (cf. Mt 5,1-13) e, por outro lado, a força do testemunho como *sal da terra* e *luz do mundo* (cf. Mt 5,13-16).

A razão da imitação eclesial chama a atenção: *porque vós sofrestes da parte de vossos próprios concidadãos, do mesmo modo que eles da parte dos judeus.* Assim como os judeus perseguiram os seus irmãos de raça convertidos a Jesus Cristo, também os fiéis de Tessalônica foram perseguidos pelos próprios concidadãos. A locução *igrejas de Deus* reflete a unidade da fé em uma pluralidade de comunidades reunidas em Jesus Cristo na unção do Espírito Santo. O sofrimento das *igrejas de Deus que estão na Judeia*, principalmente a de Jerusalém, chegou ao ponto de exigir que uma coleta fosse feita a favor dela (cf. 1Cor 16,1-4). E Paulo não deixou de notar que as igrejas da Macedônia se destacaram em generosidade (cf. 2Cor 8,1-5).

Paulo denunciou a perseguição e deixou claro o motivo da hostilidade dos judeus: *Eles mataram o Senhor Jesus e os profetas e nos têm perseguido.* Com isso, estabeleceu o critério da imitação de Jesus Cristo. Na sequência, a citação dos profetas aponta para a raiz da perseguição: o comprometimento com a Palavra de Deus. Paulo não quis, com essa denúncia, criar algum tipo de animosidade dos perseguidos com os perseguidores, mas quis fortalecer o primeiro grupo para que não desanimasse diante do segundo grupo: *não agradam a Deus e têm sido hostis a todas as pessoas.*

Como essa reflexão deve ter pesado na consciência de Paulo, pois nunca esqueceu o que fez antes da sua conversão! Ele também perseguiu a igreja de Deus com a intenção de aniquilá-la (cf. 1Cor 15,9; Gl 1,13). Contudo, Paulo, graças à sua conversão e às experiências de fechamento dos judeus ao anúncio do Evangelho, percebeu algo novo na intenção dos perseguidores: *Eles querem nos impedir de falar aos gentios para que se salvem.* Paulo protagonizou como ninguém a missão entre os gentios e fez dessa missão a razão do seu viver em Jesus Cristo, pois percebeu que essa era a vontade de Deus. Apesar disso, sofreu por causa dos seus irmãos de raça, os judeus, vendo-os se fechar à Boa-Nova de Jesus Cristo e aos planos salvíficos de Deus estendidos aos gentios: *completam a medida de seus pecados, atraindo sobre si a ira para o fim.*

É provável que o motivo da hostilidade dos judeus fosse devido não apenas à postura de Paulo, favorável à inclusão dos gentios, mas também à aceitação deles como filhos de Deus e herdeiros das promessas em Jesus Cristo: "Pois todos sois filhos de Deus mediante a fé em Cristo Jesus. De fato, quando fostes batizados em Cristo, revestiste-vos de Cristo. Não há judeu nem grego, não há escravo nem livre, não há macho e fêmea, pois todos vós sois um, em Cristo Jesus. Portanto, se vós sois de Cristo, consequentemente sois descendência de Abraão, herdeiros segundo a promessa" (Gl 3,26-29; cf. 1Cor 12,12-13; Cl 3,11; Gn 12,1-3).

Para refletir e aprofundar

Viver a radicalidade do Evangelho não é sinônimo de ser radical pelo uso do Evangelho, principalmente em matéria de comportamento. Apesar de santo e imaculado nas suas ações, Jesus Cristo foi supliciado, bem como os profetas. Sobressai a teologia da cruz!

a) Como o comprometimento com a Palavra de Deus muda a vida de uma pessoa?

b) Como uma pessoa, mudada pela Palavra de Deus, aprende a ser tolerante e fraterna?

c) Que relação existe entre teologia da cruz e as bem-aventuranças de Mt 5,1-13?

4. Aos olhos do coração
(2,17–3,5)

2 [17]Quanto a nós, irmãos, estando privados por algum tempo de vossa presença – da presença física, não de coração –, apressamo-nos ainda mais em querer vos ver face a face, tamanho era nosso desejo. [18]Por isso, queríamos ir até vós – eu mesmo, Paulo, quis ir pessoalmente, uma, duas, várias vezes –, mas Satanás nos impediu. [19]De fato, qual é nossa esperança, nossa alegria, nossa coroa de glória diante do Senhor nosso Jesus, em sua vinda, senão vós? [20]Vós sois, de fato, nossa glória e alegria.
3 [1]Por isso, não mais podendo esperar, resolvemos que seríamos deixados sós em Atenas [2]e enviamos Timóteo, nosso irmão e colaborador de Deus no anúncio do Evangelho de Cristo, a fim de vos confirmar e exortar a respeito de vossa fé, [3]para que ninguém ficasse abalado com essas aflições, pois vós bem sabeis que para isso mesmo estamos destinados. [4]De fato, quando estávamos convosco, nós vos prevenimos de que haveríamos de sofrer tribulações, como de fato aconteceu e vós sabeis. [5]Por isso, eu mesmo, não mais querendo esperar, mandei que fossem saber a respeito de vossa fé. Que não aconteça que sejais de tal modo tentados pelo Tentador que se torne vazio nosso esforço.

A saída de Paulo e de seus companheiros de Tessalônica foi urgente e necessária, não tanto para salvar a própria vida, mas, principalmente, para não comprometer a missão e os frutos colhidos entre os que acreditaram na pregação e aderiram a Jesus Cristo.

At 17,5.13 afirma que os judeus que iniciaram a perseguição em Tessalônica não deram trégua e, inclusive, foram para Bereia, a fim de criar tumultos e atrapalhar a missão. Devido a essa forte hostilidade, Paulo, que havia encontrado boa receptividade em Tessalônica, se viu privado de nela voltar e continuar o trabalho evangelizador: *Quanto a nós, irmãos, estando privados por algum tempo de vossa presença – da presença física, não de coração –, apressamo-nos ainda mais em querer vos ver face a face, tamanho era nosso desejo.* A declaração de sentimentos e afetos demonstra o vivo interesse de Paulo pela comunidade que deixou em Tessalônica. Os fiéis estão longe dos seus olhos, mas não do seu coração de pastor. Pode-se dizer que nessa declaração encontra-se dito de outra forma o ato de fazer memória presente no início da carta (cf. 1Ts 1,2-4).

A fim de demonstrar os afetos e desejos que declarou, Paulo revelou que tentou voltar várias vezes, mas foi impedido não por uma força humana, mas pelo próprio Satanás: *Por isso, queríamos ir até vós – eu mesmo, Paulo, quis ir pessoalmente, uma, duas, várias vezes –, mas Satanás nos impediu.* Para falar dessa forma aos fiéis de Tessalônica, deve-se acreditar que algo sobre Satanás tenha sido dito por Paulo, quando lá evangelizou.

No discurso de Paulo ao rei Agripa, quando esteve preso em Cesareia Marítima, Paulo lembrou as instruções que recebeu do Senhor Jesus na visão de Damasco: "Eu te livro do povo e das nações, aos quais te envio para abrires seus olhos; para que se convertam das trevas à luz e do domínio de Satanás a Deus; para que recebam o perdão dos pecados e a herança entre os que foram santificados pela fé em mim" (At 26,17-18). Satanás apareceu citado como detentor de domínio. Um domínio indevido que pertence somente a Deus, que é Criador de tudo o que existe. O fim desse domínio está narrado no livro do Apocalipse como um combate final na história.

A hostilidade e a perseguição por parte dos judeus de Tessalônica podem ser interpretadas como ação de Satanás, querendo impedir que a salvação continuasse sendo proclamada. Uma questão surge: Por que Paulo não expulsou Satanás de Tessalônica? Acaso o evangelizador dos gentios não seria suficientemente fiel a Jesus Cristo para operar tal exorcismo, da mesma forma em que aparece nas narrativas dos Evangelhos?

Segue-se à declaração de impedimento, por obra de Satanás, uma declaração de satisfação e contentamento: *De fato, qual é nossa esperança, nossa alegria, nossa coroa de glória diante do Senhor nosso Jesus, em sua vinda, senão vós? Vós sois, de fato, nossa glória e alegria.* Ao dizer nossa esperança, Paulo usou uma linguagem muito eloquente. Como um pai deposita esperança nos seus filhos, como um treinador nos seus atletas, ou um mestre nos seus discípulos, Paulo depositou esperança nos fiéis de Tessalônica e em nada foi decepcionado.

A esperança reconhecida, ao contrário, proporcionou a alegria e a certeza de que o ministério de Paulo nessa comunidade representa o prêmio, isto é, *a coroa de glória diante do Senhor nosso Jesus* no dia da sua vinda. Como Paulo, num primeiro momento, acreditou na vinda próxima de Jesus Cristo (esta é a perspectiva presente em 1Ts), tudo fez para que tivesse em suas mãos o que oferecer. Com o talento que recebeu, anunciar o Evangelho aos gentios, Paulo poderia, à chegada do Senhor, apresentar os outros talentos que ganhou (cf. Mt 25,14-30).

Se Paulo, por um lado, sofreu em meio às dificuldades que foram causadas pela hostilidade dos judeus de Tessalônica, por outro lado, encheu-se de regozijo pela certeza de que os fiéis estavam firmes na fé. Ao dizer: *Vós sois, de fato, nossa glória e alegria*, Paulo manifestou que, de fato, há mais alegria em dar do que em receber (cf. At 21,35), mas, igualmente, demonstrou-se imensamente feliz pela contrapartida da acolhida do Evangelho pelos fiéis de Tessalônica.

Apesar de palavras tão inspiradoras e dignas de conforto, Paulo tomou a decisão de enviar Timóteo de volta a Tessalônica: *Por isso, não mais podendo esperar, resolvemos que seríamos deixados sós em Atenas e enviamos Timóteo, nosso irmão e colaborador de Deus no anúncio do Evangelho de Cristo, a fim de vos confirmar e exortar a respeito de vossa fé, para que ninguém ficasse abalado com essas aflições, pois vós bem sabeis que para isso mesmo estamos destinados.*

Uma pergunta surge naturalmente: Por que Paulo não hesitou em enviar Timóteo de volta a Tessalônica, colocando em risco um de seus colaboradores? Acaso Timóteo não chamaria a atenção dos judeus perseguidores? Por certo o risco existiu, mas o cuidado com a comunidade falou mais forte. O retorno de Timóteo a Tessalônica foi imprescindível por dois motivos: a) mostrar nas dificuldades a unidade entre evangelizador e evangelizados; b) confirmar e exortar a respeito da fé em meio às dificuldades. Ao mesmo tempo que Timóteo levou notícias de Paulo para os fiéis de Tessalônica, também pôde ver pessoalmente, neles, a constância na fé.

A leitura feita sobre as dificuldades, sofrimentos e perseguições permitiu a Paulo a possibilidade de manifestar o sentido da vocação e da missão evangelizadora: *para que ninguém ficasse abalado com essas aflições, pois vós bem sabeis que para isso mesmo estamos destinados.* Nota-se um eco das palavras de Jesus: "Se o mundo vos odeia, sabei que me tem odiado antes mesmo de vos odiar" (Jo 15,18). O modo como Paulo encarou os obstáculos da missão, que desempenhava havia pelo menos quinze anos, forjou o seu íntimo para se assemelhar cada vez mais ao Senhor Jesus Cristo (cf. Cl 1,24).

Pela forma como viveu a missão, Paulo procurou o bem dos fiéis de Tessalônica, alertando abertamente para as dificuldades: *De fato, quando estávamos convosco, nós vos prevenimos de que haveríamos de sofrer tribulações, como de fato aconteceu e vós sabeis.*

No que disse, Paulo deixou bem claro que sofrer tribulações faz parte do viver a fé em Jesus Cristo. Como foi dito, assim foi feito: *como de fato aconteceu e vós sabeis.* A leitura que Paulo fez da realidade cristã nada tem a ver com uma teologia da prosperidade. Ser e pertencer a Jesus Cristo exige que não se ignorem as aflições e tribulações. Não há sucesso, poder e vida fácil para quem se converte e decide viver a fé, a esperança e o amor como discípulo de Jesus Cristo. A narrativa das tentações de Jesus Cristo deixa em evidência o que renunciou (cf. Mt 4,1-11; Lc 4,1-13), e a aplicação que fez de Is 61,1-2 na sinagoga de Nazaré confirma o seu projeto messiânico e as perseguições que dele derivaram para si e para os seus discípulos (cf. Lc 4,16-31).

Em tudo isso se encontram razões para Paulo enviar Timóteo de volta para Tessalônica: *Por isso, eu mesmo, não mais querendo esperar, mandei que fossem saber a respeito de vossa fé.* Sem dúvida, saber esperar é uma virtude e um ato de prudência, mas Paulo tomou a decisão de não mais esperar. Foi preciso agir a favor dos fiéis e da fé que eles acolheram. Ao dizer: *mandei que fossem,* induz a pensar que Timóteo não regressou sozinho para Tessalônica. Não há como saber quem foi com ele. De certa forma, porém, se Timóteo não regressou sozinho, demonstra, por um lado, que Paulo se preocupou com a segurança do seu fiel colaborador e, por outro lado, quis colocar um fim à sua aflição pelos fiéis de Tessalônica. Também ao dizer: *a respeito de vossa fé,* permite pensar em dois sentidos. No primeiro, no sentido de confirmar a fé dos fiéis. No segundo, querendo se certificar de como a fé estaria sendo vivida diante das dificuldades. Os dois sentidos pertencem à missão e ao zelo apostólico de Paulo.

O sentido para a preocupação de Paulo ao dizer: *Que não aconteça que sejais de tal modo tentados pelo Tentador que se torne vazio nosso esforço,* de certa forma vai ao encontro da explicação, na parábola do semeador, sobre a semente que caiu à beira do caminho: "Quando alguém ouve a mensagem e não a entende, vem o Maligno e arranca o que foi semeado em seu coração" (Mt 13,19). Paulo agiu prontamente a fim de que Satanás não impedisse que a mensagem do Evangelho se tornasse conduta de vida nos fiéis de Tessalônica.

Para refletir e aprofundar

É certo arriscar a segurança de um fiel colaborador, quando não se está seguro sobre a fé de uma comunidade de neófitos? Na dinâmica da 1Ts a resposta é sim. Ainda mais no caso de uma comunidade amada por Paulo e que tanto amor lhe deu em pouco tempo de convivência. O que preocupou Paulo, em seu zelo de pastor, foi o fato de saber que Satanás não perde tempo para atrapalhar a missão e a vida de fé da amada comunidade.

a) Como se percebe o zelo pastoral levado a sério em uma comunidade de fé?
b) Como o planejamento pastoral pode ajudar a vencer as artimanhas dos inimigos da fé?
c) Como viver a alegria em meio às dificuldades pastorais e fazer destas ocasião para crescer na fé, na esperança e na caridade?

5. Firmes no Senhor
(3,6-10)

3⁶Agora, porém, tendo retornado Timóteo a nós, vindo de junto de vós, ele nos transmitiu a Boa-Nova de vossa fé e caridade, e que tendes sempre boa lembrança de nós, desejando nos ver do mesmo modo que nós a vós. ⁷Por isso, sentimo-nos consolados, irmãos, a vosso respeito, de toda a nossa angústia e aflição por vossa fé. ⁸Porque agora retomamos vida, já que vós estais firmes no Senhor. ⁹De fato, qual agradecimento poderíamos retribuir a Deus por vós, por toda a alegria pela qual nos alegramos por vossa causa diante de nosso Deus, ¹⁰quando, noite e dia, insistentemente, rogamos a fim de que pudéssemos vos ver face a face e completar o que falta à vossa fé?

O movimento, até o presente momento da carta, foi o de Paulo falando em relação aos fiéis de Tessalônica. Contudo, de posse das notícias trazidas por Timóteo, o movimento passou a ser o dos fiéis em relação a Paulo e seus companheiros: *Agora, porém, tendo retornado Timóteo a nós, vindo de junto de vós, ele nos transmitiu a Boa-Nova de vossa fé e caridade*. À Boa-Nova anunciada por Paulo corresponde a Boa-Nova trazida por Timóteo. O Evangelho pelo qual Paulo comunicou fé e caridade aos fiéis de Tessalônica retornou-lhe pelo testemunho de fé e de caridade. Não vacilar na fé significa não esfriar no amor. Não esfriar no amor significa estar firmes no Senhor.

A sintonia continua em forma anamnética como no início (cf. 1Ts 1,2-3): *e que tendes sempre boa lembrança de nós, desejando nos ver do mesmo modo que nós a vós*. Lembrança e desejo entre "nós"

79

e "vós" e entre "vós" e "nós" testemunham a eficácia do Evangelho anunciado. Os neófitos de Tessalônica deram testemunho de uma fé viva e operosa, amadurecida em tão pouco tempo. As hostilidades pelas quais passaram, longe de apagar os vínculos com Paulo e seus companheiros, mantiveram as lembranças e alimentaram o desejo do reencontro.

A certeza de que a evangelização foi eficaz, isto é, produziu e solidificou a fé, trouxe consolação para Paulo, superação da angústia e aflição. A dinâmica familiar pode ser evocada de novo. Como um pai se tranquiliza ao receber notícias de sua família, Paulo sentiu-se aliviado ao receber as notícias trazidas por Timóteo e, assim, constatar que não correu em vão: *Por isso, sentimo-nos consolados, irmãos, a vosso respeito, de toda a nossa angústia e aflição por vossa fé*. A novidade de vida que recebeu em Damasco e o fez se decidir pelo Senhor com firmeza, Paulo sentiu que foi renovada: *Porque agora retomamos vida, já que vós estais firmes no Senhor*. Satanás, o Tentador, não conseguiu destruir a obra e reduzir ao vazio o seu esforço.

Não se sabe quanto tempo durou a estadia, isto é, a visita pastoral de Timóteo aos fiéis de Tessalônica. Considera-se que o tempo foi suficiente para que obtivesse um parecer da situação de fé e pudesse regressar, o quanto antes, para dar as notícias a Paulo. Acrescento, aqui, uma observação e penso que ela ajude a responder uma questão acima colocada. Paulo, no momento em que soube que os judeus agitadores e hostis de Tessalônica tinham vindo para a Bereia (cf. At 17,13), deu a contrapartida: enviou Timóteo. Assim, com habilidade, não colocou Timóteo em risco ou em perigo de sofrer hostilidades e perseguições.

Afeição e explosão de sentimentos são percebidas na linguagem usada por Paulo. O que experimentou na horizontal, Paulo endereçou na vertical, na direção de Deus, de quem procede toda consolação e alegria em Jesus Cristo: *De fato, qual agradecimento poderíamos retribuir a Deus por vós, por toda a alegria pela qual nos alegramos por vossa causa diante de nosso Deus.* Paulo não esperou de Deus uma retribuição, mas desejou retribuir a Deus o bem que recebeu com as notícias. Esta atitude faz lembrar o Sl 116,13: "Como retribuirei ao Senhor todos os benefícios que pôs sobre mim? Elevarei o cálice da salvação e invocarei o nome do Senhor".

Assim como Paulo e seus companheiros trabalharam dia e noite para não onerar os fiéis de Tessalônica, também em todo o tempo apresentou a Deus o seu desejo: *quando, noite e dia, insistentemente, rogamos a fim de que pudéssemos vos ver face a face e completar o que falta à vossa fé?* O desejo de voltar ao convívio dos fiéis em Tessalônica, além de poder revê-los, tinha por motivo poder completar a instrução da fé. Embora os neófitos tivessem dado sinais de solidez da fé, o seu conteúdo não estava completo. Por exemplo, a fé na *parusia* e na ressurreição dos mortos.

Para refletir e aprofundar

O ato de completar o que falta à fé não se traduz em mera questão de tempo, se muito ou pouco, ou de profundidade, mas na possibilidade de se realizar a desejada instrução. Foi o que Paulo desejou. Assim, o que não foi possível de viva voz, através do *face a face*, foi feito por escrito. Paulo tinha por certo, porém, que o aperfeiçoamento do conteúdo recebido é uma tarefa que os fiéis, de forma individual ou comunitária, concedem ao Espírito Santo para agir com liberdade na própria vida. Esta visão da fé requer, certamente, uma profunda interação entre dom de Deus e vontade humana de cooperar com o Espírito Santo para o seu desenvolvimento.

a) Que tipo de formação prévia da fé os fiéis de Tessalônica possuíam?
b) Que relação existe entre evangelização e catequese?
c) Por que tantos fiéis, nos dias atuais, relutam em aprofundar a fé que receberam de Deus?

6. O desejo se fez oração
(3,11-13)

3¹¹Que Deus mesmo, nosso Pai – e o Senhor nosso Jesus –, guie nosso caminho até vós. ¹²E que o Senhor vos faça crescer e ir além em caridade uns pelos outros e para com todos, do mesmo modo que nós para convosco, ¹³a fim de confirmar vossos corações em santidade irrepreensível diante de Deus, nosso Pai, por ocasião da vinda do Senhor nosso Jesus com todos os seus santos. Amém!

Paulo iniciou a carta com uma ação de Graças a Deus, na qual deu a conhecer o seu vivo interesse pelos fiéis de Tessalônica, continuamente fazendo memória deles nas suas orações (cf. 1Ts 1,2-10). Pelas orações, Paulo encontrou a forma mais eficaz para encurtar a distância física entre ele e os seus amados irmãos na fé, porque retornar para completar a formação deles sempre foi o seu desejo. E este aumentou ainda mais com as notícias recebidas de Timóteo, em particular ao saber que era lembrado com igual afeto e amor. Como disse, Paulo tentou voltar várias vezes, mas foi impedido por Satanás, adversário na realização de seu desejo (cf. 1Ts 2,18).

Diante da sua vontade frustrada, não restou alternativa para Paulo, senão a de rezar: *Que Deus mesmo, nosso Pai – e o Senhor nosso Jesus –, guie nosso caminho até vós*. Percebe-se no *nosso Pai* o eco da oração ensinada por Jesus (cf. Mt 6,9), na qual se ensina o discípulo a colocar a própria vontade submissa à vontade de Deus. Se entre a vontade de Paulo e a dos fiéis de Tessalônica esteve um impedimento – Satanás –, então, o caminho do reencontro só pode acontecer por vontade de Deus, que é o condutor da história. Paulo, ao rezar desse modo, não apenas demonstrou a sua confiança em Deus e no Senhor Jesus, vencedor de Satanás, mas ensinou os fiéis de Tessalônica a fazerem o mesmo.

Enquanto essa vontade não tinha como se realizar, Paulo indicou o modo para que ela continuasse viva e alimentada de ambos os lados: *E que o Senhor vos faça crescer e ir além em caridade uns pelos outros e para com todos, do mesmo modo que nós para convosco*. Se a Deus foi confiado o caminho do reencontro, ao Senhor (Jesus), caridade de Deus Pai feita carne, foi suplicado o que anima a vida de quem caminha na fé: crescer e progredir na caridade. Percebe-se, nessa súplica, o eco das palavras de Jesus na última ceia: "Nisso, todos reconhecerão que sois meus discípulos: se tiverdes amor uns pelos outros" (Jo 13,35).

Paulo, ao dizer: *ir além em caridade*, ensinou o modo para se eliminarem as fronteiras e, nelas, as barreiras, pois o amor tudo suporta e tudo espera (cf. 1Cor 13,7). Aprender a viver esse amor é o caminho da vida fraterna, pela qual a vida cristã se nutre, se fortalece e se prepara para enfrentar as dificuldades em prol da fé e do seu desenvolvimento.

Ao falar do profícuo crescimento na caridade, Paulo indicou o caminho que se deve trilhar para que se realize a vontade expressa de Deus: "Sede santos, porque eu, o Senhor vosso Deus, sou Santo" (Lv 19,2). Paulo também desejou que os fiéis de Tessalônica compreendessem que o crescimento na caridade tem um objetivo: *a fim de confirmar vossos corações em santidade irrepreensível diante de Deus, nosso Pai, por ocasião da vinda do Senhor nosso Jesus com todos os seus santos. Amém!*

A *santidade irrepreensível diante de Deus* é o caminho da *fé operante, da caridade laboriosa e da esperança constante* (1Ts 1,3). É a via acolhida no batismo para ser percorrida em todas as etapas e circunstâncias da vida com Deus. Cada fiel, portanto, se prepara pelo compromisso de fé assumido com Deus e com a própria comunidade.

Com isso, Paulo pode falar, novamente, do retorno do Senhor, razão última e esperança da fé que alimentou o desejo do retorno de Paulo a Tessalônica. Assim como Paulo nada encontrou, no testemunho de Timóteo, para repreender os fiéis de Tessalônica, também desejou que neles não houvesse algum motivo de repreensão diante de Deus, por ocasião da manifestação *e vinda do Senhor nosso Jesus com todos os seus santos*.

Nesta última afirmação encontra-se o eco da promessa do juízo vindouro nos últimos dias: "O Filho do Homem há de vir na glória de seu Pai, com seus anjos, e, então, retribuirá a cada um de acordo com seu modo de agir" (Mt 16,27 e 24,29-31). Por ocasião da vinda do Senhor Jesus, isentos de repreensão estarão os que forem encontrados vivendo a santidade, e esta se vive na caridade, pois é a ação e a condição que realiza o plano original de Deus para o ser humano: ser sua imagem e semelhança (cf. Gn 1,26).

Para refletir e aprofundar

A perseverança na fé sempre foi, é e continuará sendo o maior desafio na vida de quem acredita em Deus, no seu amor e na sua providência. Sem dúvida, a fé se faz operosa em todas as situações da vida, mas, em particular, quando se está diante das adversidades e dificuldades. Dentre estas, a certeza da morte é a mais provocante e, com ela, tudo que a circunda: fome, pestes, doenças etc.

a) Como, de forma pessoal e comunitária, a fé em Deus e na sua providência tem sido objeto de reflexão e de testemunho sociopastoral na atualidade?

b) Quais os sinais de que a fé em Deus e na sua providência tem ajudado os fiéis a praticar a caridade além das fronteiras da própria religião?

c) A vida de santidade tem sido a real preparação para a vinda do Senhor Jesus Cristo?

7. Esta é a vontade de Deus: vossa santificação (4,1-8)

4¹De resto, irmãos, nós vos pedimos e exortamos no Senhor Jesus, conforme aprendestes de nós sobre como deveis caminhar para agradar a Deus – e assim já caminhais –, que progridais ainda mais. ²Sabeis, de fato, quais instruções vos demos da parte do Senhor Jesus. ³E esta é a vontade de Deus: vossa santificação, afastando-vos da imoralidade sexual. ⁴Saiba cada um de vós manter seu próprio corpo em santidade e honra, ⁵não se deixando levar por paixão de desejo, como ocorre entre os gentios que não conhecem a Deus, ⁶não menosprezando nem iludindo, nesse assunto, seu irmão, porque o Senhor faz justiça em todas essas coisas, como já vos dissemos e asseguramos, ⁷pois Deus nos chamou não para a impureza, mas em santidade. ⁸Assim, aquele que despreza esta instrução não é a um homem que despreza, mas a Deus, que vos dá seu Espírito Santo.

Dentre os tópicos tratados na primeira parte da carta (1Ts 1,2–3,13), ficou em relevo o amor a Deus como critério das ações de Paulo, de seus companheiros e dos fiéis de Tessalônica. O cristão, pelo amor, se assemelha a Deus em Jesus Cristo e, nele amadurecido pelo exercício da fraternidade, se prepara para enfrentar as dificuldades e estar pronto para o encontro definitivo com o Senhor no dia do juízo. Se a oração anterior concluiu a primeira parte da carta, também preparou o caminho para o que foi tratado na segunda parte.

Paulo enfrentou temas, por certo trazidos por Timóteo, mas os ligou ao tema central do amor a Deus e ao próximo. A segunda parte da carta abre-se com uma exortação: *De resto, irmãos, nós vos pedimos e exortamos no Senhor Jesus, conforme aprendestes de nós sobre como deveis caminhar para agradar a Deus – e assim já caminhais –, que progridais ainda mais.*

A exortação não foi feita em nome próprio, mas no nome do *Senhor Jesus.* Não é um apelo, mas um critério de autoridade com base em quem se encontra a razão da vida de Paulo e de sua missão como apóstolo. Ao dizer *irmãos,* Paulo concretizou o amor e estabeleceu o vínculo para que, com liberdade, pudesse falar abertamente. A vida cristã é um aprendizado que acontece à medida que o Evangelho ouvido e acolhido começa a ser vivido: *conforme aprendestes de nós sobre como deveis caminhar para agradar a Deus.* Aprender a fazer a vontade de Deus é a via que se deve percorrer para agradar a Deus. Este caminho foi iniciado na vida dos fiéis de Tessalônica, mas Paulo colocou como meta o progredir ainda mais e rumo à perfeição.

O modelo desse caminho é o próprio Jesus Cristo, o que assumiu como projeto de vida e o que afirmou: "Quem é minha mãe e quem são meus irmãos?". E, estendendo a mão para seus discípulos, disse: "Eis minha mãe e meus irmãos. Com efeito, aquele que fizer a vontade de meu Pai, que está nos céus, esse é meu irmão, irmã e mãe" (Mt 13,48-50; Mc 4,33-35). Jesus Cristo fez da vontade do Pai a sua própria vontade: "Meu alimento é fazer a vontade daquele que me enviou e completar sua obra" (Jo 4,34); "... porque não busco minha vontade, mas a vontade daquele que me enviou" (Jo 5,30). Nisto se encontra uma base para o que Paulo disse: *Sabeis, de fato, quais instruções vos demos da parte do Senhor Jesus.* Da vida e da obra de Jesus Cristo procedem os conteúdos das instruções e a novidade da lei do amor.

Jesus Cristo cumpriu a vontade de Deus, realizou e inaugurou o Reino como caminho da santificação do gênero humano. Paulo, a partir disso, quis orientar a vida e a conduta dos fiéis de Tessalônica: *E esta é a vontade de Deus: vossa santificação, afastando-vos da imoralidade sexual.* Ao estabelecer uma relação entre a santificação e o afastamento da imoralidade sexual, apresentou a vontade de Deus no que se deve fazer e no que não se deve fazer. Com isso, Paulo deixou claro que não existe apenas imoralidade sexual, mas também existe santificação na vida sexual, quando é moralmente ordenada, isto é, de acordo com a natureza humana e os desígnios de Deus, pois a corporeidade e a sexualidade de um cristão pertencem a Deus.

A imoralidade sexual, em uma cidade como Tessalônica, devido à sua configuração social plural, devia chamar muito a atenção. Contudo, para se classificar como imorais certos atos sexuais exigia-se um parâmetro. Por um lado, Paulo citou o comportamento dos gentios e, por outro lado, com forte teor catequético, tomou como base a moralidade da tradição judaico-cristã. Jesus Cristo e Paulo podem ser tomados como exemplos nessa matéria (cf. 1Cor 7,25-40).

Para enfrentar a questão, Paulo assumiu e escolheu dois argumentos: a castidade (cf. 1Ts 4,3-8) e a caridade fraterna (cf. 1Ts 4,9-12). O primeiro direciona a reflexão *ad intra* e o segundo *ad extra*. A castidade é a postura de amor assumida a favor de si próprio. Já a caridade fraterna é a postura de amor assumida a favor do próximo.

O passo inicial *ad intra* é o autodomínio: *Saiba cada um de vós manter seu próprio corpo em santidade e honra, não se deixando levar por paixão de desejo, como ocorre entre os gentios que não conhecem a Deus.* No mundo greco-romano, muitos deuses eram conhecidos e o domínio das paixões havia muito existia como reflexão filosófica entre os epicuristas e estoicos diante do hedonismo (cf.

At 17,18). Contudo, para Paulo o conhecimento de Deus advém de Jesus Cristo e da sua conduta, isto é, do seu Evangelho.

Este autodomínio não se traduz em mera repressão das vontades, mas em ascese diante dos impulsos humanos e das paixões desordenadas. Quem não aprendeu a controlar as próprias paixões, muito facilmente sai do âmbito pessoal, passa para o social e gera danos ao próximo: *não menosprezando nem iludindo, nesse assunto, seu irmão*. Numa cidade portuária como Tessalônica, o aliciamento e a exploração sexual não deveriam ser ações incomuns. Não se descarta também a prática do adultério. Sobre a moral especificamente matrimonial e familiar, Paulo tratou com cuidado e atenção em Ef 5,21–6,9 (FERNANDES, 2015, p. 217-236).

Por que Paulo julgou necessário tratar desse tema com os fiéis de Tessalônica? A resposta aparece de forma clara: *porque o Senhor faz justiça em todas essas coisas, como já vos dissemos e asseguramos, pois Deus nos chamou não para a impureza, mas em santidade*. Nota-se, pelo tom, que o tema não é de todo novo aos destinatários: *como vos dissemos e asseguramos*. Para se viver a novidade da fé em Jesus Cristo, que os fiéis abraçaram graças ao anúncio de Paulo, a ruptura com o imoral e permissivo tornou-se exigência devido à vocação: *pois Deus nos chamou não para a impureza, mas em santidade*. A vida nova de santidade exige, por um lado, o abandono de toda impureza e, por outro lado, a adoção de tudo o que condiz e contribui para o bem da própria pessoa em matéria sexual.

Para refletir e aprofundar

Este ensinamento de Paulo continua atual e espinhoso. Por certo não deve ter sido fácil receber e praticar este ensinamento. Paulo teve que deixar claro que a sua origem não era mera imposição humana, mas manifestação da vontade de Deus: *Assim, aquele que despreza esta instrução não é a um homem que despre-*

za, mas a Deus, que vos dá seu Espírito Santo. Ecoa nessas palavras uma máxima de Jesus Cristo: "Quem vos ouve, a mim ouve; quem vos rejeita, a mim rejeita; e quem me rejeita, rejeita aquele que me enviou" (Lc 10,16). Em outra carta e ocasião, Paulo tratou e aprofundou a questão da santidade do corpo como templo do Espírito Santo: "Não sabeis que sois o templo de Deus e que o Espírito de Deus habita em vós? Se alguém destrói o templo de Deus, Deus o destruirá, visto que é santo o templo de Deus, que sois vós" (1Cor 3,16-17). A vida no Espírito Santo é um dom e uma graça que se tornam apelo cotidiano de santidade.

a) A vontade de Deus para o ser humano é a sua santificação. Então, como agradar a Deus?

b) Quando assimilado, o conhecimento da vontade de Deus, anunciado por Jesus Cristo, determina o comportamento e as relações interpessoais. Como, no mundo atual, vencer as imoralidades que denigrem o próprio corpo e o do próximo?

c) Quem diz que conhece a Deus e não ama o seu próximo, é um mentiroso (cf. 1Jo 2,1-11). Tenho acolhido ou desprezado Deus em minha vida?

8. Fraternidade e trabalho honesto
(4,9-12)

4 ⁹A respeito da fraternidade, não tendes necessidade de que se vos escreva. Vós mesmos sois instruídos por Deus sobre como deveis amar uns aos outros. ¹⁰E, de fato, fazeis isso para com todos os irmãos em toda a Macedônia. Nós vos exortamos, porém, irmãos, a progredirem ainda mais. ¹¹Tende como questão de honra viver em tranquilidade, cuidando de vossos próprios negócios e trabalhando com vossas próprias mãos, do modo como vos instruímos, ¹²a fim de que caminheis honestamente aos olhos dos de fora e não tenhais necessidade de ninguém.

Paulo tratou a questão da moral sexual com grande rigor, pois com muita facilidade o ser humano cede aos impulsos e desejos sexuais. Estes são fortes apelos da natureza e, para serem dominados, exigem o conhecimento da vontade de Deus e a constância na prática das virtudes da fortaleza e da temperança. Por meio destas virtudes, o ser humano coopera com a graça de Deus infundida no dom do Espírito Santo. Assim, o autodomínio em matéria sexual possui, então, um caráter pessoal e interpessoal na vertical, para com Deus, e horizontal, para com o próximo.

Na relação com o próximo sobressai a fraternidade, fruto da imersão em Jesus Cristo pelo batismo. Curiosamente, porém, Paulo não tratou do tema do batismo na 1Ts e também não viu a necessidade de aprofundar o tema da fraternidade. A razão para isso encontra-se na graça que Paulo constatou agir entre os fiéis de Tessalônica. O elogio feito sobre a fraternidade: *não tendes ne-*

cessidade de que se vos escreva, além de real, foi estratégico para que ela continuasse praticada.

Paulo reconheceu que a fraternidade não foi fruto de um propósito humano, mas sinal da presença e da ação de Deus na vida dos fiéis de Tessalônica: *vós mesmos sois instruídos por Deus sobre como deveis amar uns aos outros*. Essa instrução não aconteceu, por certo, de forma sobrenatural, mas resultou da evangelização recebida e da maneira como viram Paulo e seus companheiros agirem enquanto com eles estiveram.

O amor que foi verificado em Tessalônica, Paulo viu que se expandiu: *E, de fato, fazeis isso para com todos os irmãos em toda a Macedônia*, em particular no vínculo com os fiéis filipenses. Essa é a prova de que o amor não está limitado por fronteiras. Tal constatação já havia sido feita em 1Ts 1,7-8. O amor que se expande pode ser considerado como a expansão do Evangelho, pois não são realidades distintas. Apesar disso, Paulo empenhou os fiéis para que continuassem crescendo no amor: *Nós vos exortamos, porém, irmãos, a progredirem ainda mais*. Esta exortação ao progresso no amor permitiria, sem dúvida, que os fiéis de Tessalônica alcançassem maior nível de comprometimento com a fé operante, com a caridade laboriosa e com a esperança constante no Senhor Jesus Cristo, a favor dos irmãos de toda a Macedônia (cf. 1Ts 1,3).

Da instrução sobre a fraternidade e o amor, Paulo passou à instrução sobre o trabalho. Parece que Paulo percebeu, nas notícias trazidas por Timóteo, certa agitação dos ânimos, razão pela qual ordenou: *Tende como questão de honra viver em tranquilidade*. Sem essa tranquilidade, a fraternidade e o amor poderiam ficar comprometidos. Para que isso não acontecesse, Paulo deu conselhos práticos: *cuidando de vossos próprios negócios e trabalhando com vossas próprias mãos, do modo como vos instruímos*. Esta instrução não foi feita da boca para fora, mas de forma exemplar, pois foi praticada pelo próprio Paulo e seus companheiros (cf. 1Ts 2,9).

Paulo, ao exortar desse modo, procurou confirmar não apenas o valor do trabalho, mas evitar que o ócio gerasse problemas no seio da comunidade e que acabasse por se refletir de forma negativa na sociedade, dando motivos para reprovações das autoridades e para os judeus hostis alegarem contra os que abraçaram a fé em Jesus Cristo: *a fim de que caminheis honestamente aos olhos dos de fora e não tenhais necessidade de ninguém.* Esta última recomendação seria uma consequência lógica da negligência nos negócios e no trabalho. Se estes faltassem, não tardaria para as necessidades chegarem. Com isso, deixariam de ajudar e socorrer para serem ajudados e socorridos. Do bom exemplo para toda a Macedônia e Acaia se passaria, por assim dizer, ao "mau exemplo", comprometendo o bom testemunho.

Para refletir e aprofundar

O amor fraterno, assumido como condição de vida, testemunha a credibilidade da fé que foi recebida e acolhida. É no amor ao próximo que se executa o amor a Deus. Nesta fé encontra-se o reconhecimento do amoroso plano salvífico de Deus e a forma como foi realizado na história: "Assim, pois, Deus amou o mundo: a ponto de dar o Unigênito, a fim de que todo aquele que nele crer não pereça, mas tenha a vida eterna" (Jo 3,16).

a) A fraternidade tem sido um sinal do amor a Deus e ao próximo em suas necessidades?

b) Como cada um tem procurado progredir no conhecimento de Deus e no cumprimento das obrigações na verdade e na caridade?

c) Aos olhos dos que não frequentam a fé cristã, as atitudes dos que se dizem cristãos têm sido dignas de crédito ou causado escândalos?

9. Cremos que Jesus morreu e ressuscitou (4,13-18)

4¹³Não queremos, no entanto, que fiqueis na ignorância, irmãos, a respeito dos que adormeceram, a fim de que não vos entristeçais como os outros, aqueles que não têm esperança. ¹⁴Se, de fato, cremos que Jesus morreu e ressuscitou, do mesmo modo também Deus conduzirá por intermédio de Jesus, e com ele, aqueles que adormeceram. ¹⁵Eis o que vos dizemos como Palavra do Senhor: nós, os vivos, os que ainda restarmos para a vinda do Senhor, não precederemos aqueles que adormeceram. ¹⁶Porque o próprio Senhor, à ordem dada, à voz de um arcanjo, ao som de uma trombeta de Deus, descerá do céu, e, então, os mortos em Cristo ressuscitarão primeiro. ¹⁷Depois nós, os vivos, os que restarmos, seremos arrebatados junto com eles para as nuvens, para o encontro com o Senhor nos ares e, desse modo, estaremos para sempre com o Senhor. ¹⁸Assim, exortai-vos uns aos outros com essas palavras.

O anúncio da paixão, morte e ressurreição de Jesus Cristo (querigma), base da pregação e da doutrina apostólica, constituía o ponto de partida da leitura e interpretação das Escrituras. Um caso particular encontra-se em At 17, que contém a narrativa da missão de Paulo e de seus companheiros em Tessalônica, bem como a experiência "falida" de Paulo no Areópago de Atenas, pela qual aprendeu que não é possível falar da ressurreição sem as credenciais da paixão e morte de Jesus Cristo.

Paulo, na primeira parte da carta, havia dito: *rogamos a fim de que pudéssemos vos ver face a face e completar o que falta à vossa fé* (1 Ts 3,10). De que se trata esse *completar o que falta à vossa fé?* Se, por um lado, não houve necessidade de se escrever sobre a fraternidade, por outro lado, fez-se necessário instruir sobre o que aconteceria com os mortos e os vivos no dia do retorno de Jesus Cristo: *Não queremos, no entanto, que fiqueis na ignorância, irmãos, a respeito dos que adormeceram.* Este ponto da fé e da doutrina precisou de esclarecimento devido ao comportamento a ser evitado: *a fim de que não vos entristeçais como os outros, aqueles que não têm esperança.* Paulo ligou a tristeza à falta de esperança. De fato, a ausência de perspectiva ou de resposta para a questão do que sucede após a morte são geradoras de tristeza em muitos.

Paulo não se ocupou em rebater as interpretações que circulavam naquela época sobre a morte, mas em fundamentar a fé e a esperança dos fiéis de Tessalônica na ressurreição dos mortos, com base na experiência pascal de Jesus Cristo: *Se, de fato, cremos que Jesus morreu e ressuscitou, do mesmo modo também Deus conduzirá por intermédio de Jesus, e com ele, aqueles que adormeceram.*

A primeira etapa da instrução dizia respeito aos que morreram antes da vinda de Jesus Cristo. A razão tinha a ver com a fé nessa vinda ainda no contexto da primeira geração de cristãos. O temor dos fiéis vivos se deu em relação aos seus mortos. Se já morreram, ficariam privados do encontro com Jesus Cristo? Paulo, diante deste suposto dilema, afirmou, sem grandes aprofundamentos, que a morte não constituía um obstáculo para o encontro com Jesus Cristo: *Deus conduzirá por intermédio de Jesus, e com ele, aqueles que adormeceram.*

Deve-se cogitar que a preocupação dos fiéis de Tessalônica não seria o primeiro caso de dúvida com relação à condição dos que morreram sem ter visto a *parusia* de Jesus Cristo. Quantos cristãos já não teriam morrido durante aqueles vinte anos que separavam a ressurreição de Jesus Cristo e a carta endereçada aos fiéis de Tessalônica? Bastaria evocar aqui o martírio de Estêvão, diante de Paulo, entre os anos 33 e 34 d.C. (cf. At 7,54–8,1), e de Tiago Maior, por ordem de Herodes Agripa I no ano 44 d.C. (cf. At 12,2-3). O problema, então, não era de todo novo, mas a posição de Paulo descrita em 1Ts 4,13-18 atesta a mais antiga tomada de posição escrita sobre a espera escatológica do Senhor Jesus Cristo (PENNA, 2009, p. 31-32).

Após instruir sobre a preocupação com os fiéis mortos, Paulo se voltou para os fiéis vivos e, no que afirmou, asseverou a instrução como provinda do Senhor (um dito de Jesus transmitido oralmente? Um pronunciamento autônomo de Paulo? Uma palavra profética assimilada por Paulo? Difícil de obter uma resposta!): *Eis o que vos dizemos como Palavra do Senhor: nós, os vivos, os que ainda restarmos para a vinda do Senhor, não precederemos aqueles que adormeceram.* Diante do medo de a morte acontecer antes da vinda do Senhor, Paulo afirmou que não haveria desvantagem. Com isso, deixou claro que os mortos precedem os vivos, por ocasião da vinda do Senhor. Paulo, então, não quis apenas resolver o problema dos mortos, mas sanar a ignorância dos fiéis vivos que, por sua vez, havia gerado tristeza e falta de esperança. Paulo, ao se posicionar desse modo, transmitiu a sua fé com esperança e caridade capaz de consolar os aflitos e devolver a paz aos atribulados diante da certeza da morte e da *parusia*.

Para confirmar a sua instrução, Paulo evocou a doutrina apostólica recebida, ao que tudo indica, do próprio Senhor: *Porque o próprio Senhor, à ordem dada, à voz de um arcanjo, ao som de uma trombeta de Deus, descerá do céu, e, então, os mortos em Cristo ressuscitarão primeiro.* Os elementos aqui evocados fazem eco, por exemplo, a Mt 24,30-31: "Então aparecerá no céu o sinal do Filho do Homem; e todas as tribos da terra baterão no peito vendo chegar o Filho do Homem sobre as nuvens com grande poder e glória. Ele enviará seus anjos com potente som de trombeta, e eles reunirão seus eleitos dos quatro ventos, de um extremo ao outro dos céus".

O que Paulo acrescentou – *os mortos em Cristo ressuscitarão primeiro. Depois nós, os vivos, os que restarmos, seremos arrebatados junto com eles para as nuvens, para o encontro com o Senhor nos ares e, desse modo, estaremos para sempre com o Senhor* – foi retomado em 1Cor 15,51-52: "Eis que vos digo um mistério: nem todos adormeceremos, mas todos seremos transformados, num instante, num piscar de olhos, ante a última trombeta. Pois soará a trombeta, e os mortos serão ressuscitados incorruptíveis, e nós seremos transformados". Nota-se na sequência, sobre os vivos, a mudança terminológica de *arrebatados* para *transformados*.

A conclusão da instrução ganhou sentido de exortação, mas não de Paulo para os fiéis, e sim entre eles: *Assim, exortai-vos uns aos outros com essas palavras.* Portanto, a instrução sobre o fim e o destino dos fiéis falecidos proporcionou a ocasião para consolar, encorajar e pautar a vida no mistério pascal de Jesus Cristo. O essencial do querigma é o essencial da fé e da esperança. Por causa da mesma condição entre os fiéis e Jesus Cristo, pelo batismo, há esperança de futuro para além da morte: *e, desse modo, estaremos para sempre com o Senhor.*

Para refletir e aprofundar

Para a fé cristã, a morte não tem a última palavra sobre a existência humana, mas é Jesus Cristo Ressuscitado quem tem a última palavra sobre a vida e sobre a morte do ser humano. Essa fé transformou os apóstolos e os impulsionou para o anúncio do Evangelho, isto é, para a propagação, pelo testemunho, da vitória de Jesus Cristo sobre a morte. Este testemunho foi dado, em muitos casos, perdendo-se a própria vida. É o caso dos numerosos mártires da Igreja dos primórdios e dos dias atuais, em muitos locais onde a fé cristã não é tolerada e é perseguida.

a) Morrer em Jesus Cristo é a meta de quem vive em Jesus Cristo. A certeza da morte ainda assusta a sua vida?

b) Que relações podem existir entre ignorância da fé e desespero diante da morte?

c) Como você acredita na ressurreição dos mortos?

10. Vigilância e constância na fé
(5,1-11)

5¹A respeito dos tempos e dos momentos, no entanto, irmãos, não tendes necessidade de que se vos escreva. ²Vós sabeis perfeitamente que o Dia do Senhor vem como um ladrão de noite. ³Quando disserem: "Paz e segurança!", então, de repente, cairá sobre eles a destruição, assim como chegam as dores de uma mulher grávida, e não poderão escapar. ⁴Vós, porém, irmãos, não estais na noite, de modo que o Dia vos alcance como um ladrão. ⁵Com efeito, todos vós sois filhos da luz e filhos do dia. Não somos da noite, nem das trevas. ⁶Portanto, não durmamos como os outros, mas vigiemos e permaneçamos sóbrios. ⁷De fato, aqueles que dormem, dormem de noite, e aqueles que se embriagam, embriagam-se de noite. ⁸Nós, porém, que somos do dia, permaneçamos sóbrios, revestidos da couraça da fé e da caridade e do capacete da esperança da salvação. ⁹Porque Deus não nos destinou para a ira, mas para a posse da salvação por nosso Senhor Jesus Cristo, ¹⁰que morreu por nós, a fim de que, quer vigiemos, quer durmamos, vivamos com ele. ¹¹Assim, exortai-vos uns aos outros e edificai-vos mutuamente, como já o fazeis.

A fé na segunda vinda de Jesus Cristo (*parusia*) é um ponto fundamental da fé cristã. Além de trazer uma grande consolação quanto à certeza da manifestação e vitória da justiça divina sobre as injustiças e maldades no mundo, também pode acarretar temores nos fiéis quanto ao tempo dessa manifestação. Curioso: é um ponto sobre o qual Paulo disse não ser necessário escrever sobre o assunto: *A respeito dos tempos e dos momentos, no entanto, irmãos, não tendes necessidade de que se vos escreva.* Esta falta de necessidade não significa falta de importância.

Paulo não quis, por certo, desviar-se da questão, mas sim evitar as meras especulações. Prevaleceu, então, o que o Senhor havia dito sobre o assunto (cf. Mt 24,42-44; Lc 12,39-40) e que foi retomado por Paulo: *Vós sabeis perfeitamente que o Dia do Senhor vem como um ladrão de noite.* Aliás, a convicção de que a segunda vinda do Senhor será inesperada, usando a imagem do ladrão, está também presente em outros textos: 2Pd 3,10 e Ap 3,3; 16,15. Com isso, a intenção última e fundamental foi, é e sempre será a de colocar os fiéis de prontidão e vigilantes quanto à fé na vinda do Senhor Jesus Cristo e ao comportamento moral que dela deriva.

Em qualquer sociedade, antiga ou atual, estabelecer a paz e a segurança sempre foi e continua sendo um dos principais objetivos das lideranças. Contudo, por detrás da afirmação ou da falta dessas duas realidades, tão sonhadas, pode-se esconder uma falsa pretensão. No caso de 1Ts, essa falsa pretensão esteve ligada à ideologia do império romano, alcançada pela espada e pelas guerras, impondo um projeto de superioridade: a de Roma sobre os demais povos. A índole da fala de Paulo pertence ao gênero apocalíptico, bem próprio dos textos acima citados.

Diante da notícia de que a paz e a segurança foram alcançadas pela difusão da ideologia subjacente à *pax romana*, a tradição cristã primitiva, acolhendo e fazendo sua a dinâmica presente na literatura apocalíptica, procurou colocar os fiéis em estado de alerta, a fim de que não se deixassem iludir por conquistas meramente humanas ou por uma suposta mentalidade de paz que, no fundo, não era real. Este ensinamento de Paulo faz lembrar o que aconteceu nos dias do dilúvio (cf. Gn 6,5–9,17) e de como foi interpretado por Jesus (cf. Mt 24,36-39; Lc 16,26-27). Cultivou-se, porém, a certeza de que Noé e sua família foram salvos porque a fé em Deus se tornou um comportamento obediencial à vontade de Deus (cf. Hb 11,7; 2Pd 1,5).

A chegada do *Dia do Senhor* será, por um lado, a única realidade que, de fato, estabelecerá a verdadeira paz e segurança no mundo, e, por outro lado, realizará esta realidade, desestabilizando as falsas pretensões humanas: *Quando disserem: "Paz e segurança!", então, de repente, cairá sobre eles a destruição, assim como chegam as dores de uma mulher grávida, e não poderão escapar.* A imagem da mulher grávida aponta em duas direções: a) quando chegou o momento do nascimento, não há como escapar do parto, e ainda se segue o período de convalescência; b) se o nascimento da criança chegar no momento em que a destruição começar, por exemplo pela invasão inimiga ou por um terremoto, a grávida não tem como fugir devido à criança que deu à luz e devido à limitação da sua condição (cf. Mt 24,19; Mc 13,17; Lc 21,23).

A esperança do antigo Israel, com relação ao anúncio profético do *Dia do Senhor*, passou e assumiu um sentido cristão e de cunho mais universal. A segunda vinda de Jesus Cristo encerrará toda a história humana no dia do seu juízo, estabelecerá e distinguirá os bons dos maus, os justos dos injustos. Quem está em Jesus Cristo deixou o lado sombrio das trevas do pecado e da ignorância, e passou para o lado do dia da vida na graça e no conhecimento de Deus.

Por isso, não há o que temer: *Vós, porém, irmãos, não estais na noite, de modo que o Dia vos alcance como um ladrão. Com efeito, todos vós sois filhos da luz e filhos do dia. Não somos da noite, nem das trevas.* Outra curiosidade surge: a vinda de Jesus foi anunciada como a chegada de um ladrão, isto é, de forma inesperada, mas não está dito que Jesus Cristo virá nem de noite nem de dia. O que é certo é que virá e, segundo a metáfora, *como um ladrão*, quando não se espera.

A realidade temporal utilizada importa para estabelecer a diferença entre quem está em Jesus Cristo – é filho da luz e do dia – e quem não está em Jesus Cristo – é da noite e das trevas. Daí que a exortação prossiga dentro da conclusão lógica da fé: *Portanto, não durmamos como os outros, mas vigiemos e permaneçamos sóbrios. De fato, aqueles que dormem, dormem de noite, e aqueles que se embriagam, embriagam-se de noite.* Paulo não recomendou que não se dormisse, mas que a postura fosse de prontidão e vigilância, evitando-se o que impede a sobriedade e a atenção: a embriaguez. Talvez, nessa referência, se encontre uma alusão ao culto a Baco, ao uso do vinho de modo incontrolado e às orgias que dele derivavam. Também não se pode dizer, com certeza, que Paulo estivesse tentando corrigir o modo como a celebração da Eucaristia estava acontecendo, uma vez que nela se fazia uso do vinho dentro da reunião que se chamava ágape. Este somente foi "extinto" como banquete devido à desordem e à falta de caridade constatadas em relação aos que chegavam mais tarde para celebrar a ceia em honra do Senhor (cf. 1Cor 11,17-34) e, também, porque havia embriaguez entre os participantes (cf. 1Cor 11,21).

O uso das antíteses *noite* e *dia*, *luz* e *trevas* aponta para a realidade contrastante entre *fiéis* e *infiéis*. A garantia de salvação não existe por mera convicção de fé, mas pela determinação que esta faz em relação ao comportamento adotado. A fé na vinda do Senhor Jesus Cristo existe quando acompanhada da caridade fraterna, comportamento que permite aos fiéis esperar, sóbrios e vigilantes, a salvação: *Nós, porém, que somos do dia, permaneçamos sóbrios, revestidos da couraça da fé e da caridade e do capacete da esperança da salvação* (cf. Ef 6,14-17 retoma e amplia as imagens). Quem age assim se compara não apenas a soldados (couraça e capacete), mas às virgens prudentes e previdentes que, ao contrário das imprudentes e imprevidentes, não levaram o óleo para manter suas lâmpadas acesas, vencer as trevas da noite e poder refletir o próprio rosto diante do esposo que chegou improvisamente (cf. Mt 25,1-13; Lc 12,35-36).

O futuro foi anunciado: *a vinda do Senhor como um ladrão*. Ele é certo e não apenas para os fiéis, mas para toda a humanidade. A chegada *do Dia do Senhor*, porém, é uma manifestação na ordem do duplo efeito: ira para os infiéis e salvação para os fiéis: *Porque Deus não nos destinou para a ira, mas para a posse da salvação por nosso Senhor Jesus Cristo*. Os fiéis, que aguardam vigilantes a vinda do Senhor e sem temor, sabem que Jesus Cristo *morreu por nós, a fim de que, quer vigiemos, quer durmamos, vivamos com ele*. Assim, para os que estão vivendo em Jesus Cristo não há perdição, mas salvação, que começou a acontecer mediante o batismo, inserção do fiel no Mistério Pascal. Disto resulta que os fiéis são iluminados, isto é, são do *dia* e não da *noite*. Como ninguém é chamado a se salvar sozinho, o amor mútuo impele cada fiel a viver com responsabilidade comunitária: *Assim, exortai-vos uns aos outros e edificai-vos mutuamente, como já o fazeis*.

Para refletir e aprofundar

Uma deturpação desse ensinamento poderia acontecer se o mesmo fosse tomado ao pé da letra: deixar de contrair matrimônio e de gerar filhos; deixar de dormir para fazer contínuas vigílias; deixar de beber vinho para permanecer sóbrio. Contudo, não foi essa a intenção de Paulo. O temor com a chegada do dia do juízo não é sinônimo de medo, mas de espera vigilante. A comunidade dos fiéis, assumindo tal postura, passa a viver o presente da fé em Jesus Cristo à luz do passado, com abandono da impiedade, e em preparação do futuro definitivo com Deus.

a) Como viver essas exortações sem exageros e sem cair em fundamentalismos?

b) Como a fé, a esperança e a caridade ajudam a viver em contínua vigilância?

c) Como conciliar o tema da ira de Deus com o seu desejo salvífico da humanidade?

11. O que fazer e o que evitar
(5,12-22)

5 ¹²Nós vos pedimos, irmãos, que reconheçais aqueles que se afadigam entre vós e se responsabilizam por vós no Senhor e vos aconselham. ¹³Considerai-os com extrema caridade por causa do trabalho que fazem. Vivei em paz uns com os outros. ¹⁴Nós vos exortamos, pois, irmãos: corrigi os indisciplinados, confortai os desencorajados, cuidai dos fracos, sede pacientes para com todos. ¹⁵Vede que ninguém retribua o mal com o mal, mas sempre buscai o bem seja entre vós, seja para todos. ¹⁶Estai sempre alegres. ¹⁷Constantemente orai. ¹⁸Em tudo dai graças, pois essa é a vontade de Deus em Cristo Jesus para vós. ¹⁹Não extingais o espírito. ²⁰Não desprezeis a profecia. ²¹Contudo, submetei à prova todas as coisas, o que for bom conservai. ²²De toda forma de mal afastai-vos.

A última recomendação (cf. 1Ts 5,11), enquanto serviu de síntese, permitiu a Paulo ajudar os fiéis a prosseguirem na fé, evitando o que, normalmente, se constatou e se constata na vida da Igreja: a desobediência aos líderes, o relaxamento moral, a indisciplina e o esfriamento do amor mútuo. Não se sabe quem Paulo instituiu como presbíteros entre os fiéis de Tessalônica. Não se sabe, também, se Timóteo conseguiu, além de obter informações, realizar algum tipo de organização eclesial da comunidade.

Todavia, nas exortações finais, nota-se a forte preocupação de Paulo com a vida eclesial. Em primeiro lugar, uma palavra dirigida a favor dos que assumiram ou ficaram responsáveis pela condução da comunidade: *Nós vos pedimos, irmãos, que reconheçais aqueles que se afadigam entre vós e se responsabilizam por vós no Senhor e vos aconselham.* Por este texto, não há como entrever que tipo de liderança existiu. É suficiente, porém, a sequência das ações: *se afadigam entre vós, se responsabilizam por vós no Senhor e vos aconselham.* Isto revela que foram pessoas empenhadas em preservar os ensinamentos recebidos de Paulo.

Os citados sem nome, mas certamente conhecidos pelos membros da comunidade, devem ser devidamente considerados nas atribuições do seu ministério: *Considerai-os com extrema caridade por causa do trabalho que fazem.* Não se fala de remuneração pelo trabalho realizado, mas de consideração *com extrema caridade.* Parece um eco da ordem do Senhor: "De graça recebestes, de graça dai" (Mt 10,8). Esta foi e é a credencial necessária da vida dos encarregados pelo bem-estar e crescimento da comunidade e, também, a contrapartida como resposta ativa dos fiéis em relação aos seus líderes.

Em outro escrito e ocasião, Paulo disse: "Não devais nada a ninguém, a não ser o amar-vos mutuamente, pois aquele que ama o outro leva a lei à plenitude. De fato, os mandamentos *'Não cometerás adultério, não matarás, não roubarás, não cobiçarás'*, e todos os outros, estão reassumidos nesta palavra: *'Amarás teu próximo como a ti mesmo'.* O amor não trabalha para o mal do próximo. Logo, a plenitude da Lei é o amor" (Rm 13,8-10).

Paulo, ao exigir disciplina e ordem, no respeito às lideranças, quis proporcionar aos fiéis de Tessalônica um ambiente eclesial favorável ao seu crescimento. Um contragolpe, sem dúvida, ao sistema da *pax romana* que, certamente, colocaria em risco a vida e a existência da comunidade, caso não fosse observado, e que teria dado aos opositores (*aos olhos dos de fora*, 1Ts 4,12) uma razão para denúncias. Nada mais sensato que ordenar: *Vivei em paz uns com os outros.* Esta paz é fruto da presença e da ação do Senhor Jesus Cristo Ressuscitado no seio da comunidade (cf. Jo 20,19.21.26), mas que se constata no cotidiano das relações amorosas e atenciosas de uns para com os outros.

A seguinte exortação diz respeito à realidade ou seria uma profecia? *Nós vos exortamos, pois, irmãos: corrigi os indisciplinados, confortai os desencorajados, cuidai dos fracos, sede pacientes para com todos.* Por detrás da referência aos *irmãos* estariam as "autoridades" da comunidade ou todos os seus membros? Difícil responder, mas, certamente, essa exortação serviu e serve para todos. Que tipos de indisciplinas necessitam ser corrigidas? Problemas morais? Desvios de conduta? Tudo é possível em se tratando de uma jovem comunidade que muito tinha ainda que aprender. Por certo, a ética cristã nunca foi frouxa nos seus princípios!

Nesse sentido, as outras três ações podem ser tratadas como consequência da primeira ou como realidades distintas. A falta de coragem ou desânimo podia advir das pressões ou da ânsia por querer a imediata vinda de Jesus Cristo e, por ela, o fim das injustiças sofridas. O cuidado com os fracos não significa, necessariamente, uma referência aos indisciplinados, mas uma alusão aos mais rudes e com mais dificuldades para assimilar e colocar em prática a disciplina que deriva do Evangelho. Em todos os casos, é preciso ser paciente com os *indisciplinados,* para poder corrigir, com os *desencorajados,* para poder confortar, e com os *fracos,* para poder cuidar. Pelo uso da paciência cada fiel se assemelha a Jesus Cristo no modo de tratar o semelhante.

A fim de coroar a série de exortações, Paulo colocou a regra de ouro das relações humanas proposta por Jesus Cristo (cf. Mt 5,39): *Vede que ninguém retribua o mal com o mal, mas sempre buscai o bem seja entre vós, seja para todos.* Estas duas ações – não retribuir o mal com o mal e buscar o bem – possuem a força capaz de redimensionar e bloquear qualquer sede de vingança, pois o seu alcance não tem limites. Paulo, em outra ocasião e escrito, também disse: "Não te deixes vencer pelo mal, mas vence o mal com o bem" (Rm 12,21). Esse tipo de exortação foi muito usada e aconselhada: "Não pagueis o mal com o mal, nem a calúnia com a calúnia. Mas, ao contrário, bendizei, porque para isso fostes chamados, a fim de que possais herdar a bênção" (1Pd 3,9; cf. Sl 34,12-16). Nisto se segue o exemplo de Jesus Cristo diante dos seus acusadores.

Não surpreende que Paulo tenha dito: *Estai sempre alegres. Constantemente orai. Em tudo dai graças.* Esta tríade de ações coloca a vontade humana dos fiéis de Tessalônica alinhada com a vontade divina: *pois essa é a vontade de Deus em Jesus Cristo para vós.* Mas como era possível estar sempre alegres, se existiam indisciplinados, desencorajados e fracos na comunidade? A resposta advém de 1Ts 1,6: *com a alegria do Espírito Santo.* Somente no Espírito Santo é possível manter a alegria diante das dificuldades, tribulações e perseguições. Graças ao Espírito Santo, a alegria, que é fruto da sua presença e ação viva e vivificante na vida dos fiéis (cf. Gl 5,22), consegue ser maior e superior a tudo o que pudesse causar tristeza.

A força para essa certeza vem da oração constante, que é fruto da união permanente com Deus, em Jesus Cristo, na unção do Espírito Santo. Na oração há eficácia (cf. Mt 7,7-11; Lc 11,9-13; Jo 14,13-14). Paulo não disse qual deveria ser o conteúdo da oração, mas indicou o tipo: *Em tudo dai graças.* Chama a atenção a relação entre: *sempre – constantemente – em tudo.* Com isso, tempo, ocasião, situação e circunstâncias ficam evidenciados na vida dos fiéis de Tessalônica, orientados para o que realmente conta: *pois essa é a vontade de Deus em Jesus Cristo para vós.*

Surpreende que, para uma comunidade tão jovem, Paulo tenha dirigido orientações tão fortes e exigentes. Por estas, é possível reconhecer problemas de fato ou a tentativa de Paulo de alertar para que tais problemas fossem evitados. Ao dizer: *Não extingais o espírito* e *Não desprezeis a profecia,* ele alertou os fiéis de Tessalônica sobre a identidade e a função dos carismas (cf. 1Cor 12,1–14,40). Extinguir o espírito equivaleria à "morte" do que inspira vida na comunidade. Desprezar a profecia equivaleria a não se deixar provocar pela presença e ação do Espírito Santo que orienta no caminho do bem, da justiça e da verdade a serem seguidos.

De forma prática, Paulo resumiu esse caminho no discernimento a ser usado como critério indispensável no cotidiano: *Contudo, submetei à prova todas as coisas, o que for bom conservai. De toda forma de mal afastai-vos.* Transparece a dinâmica dos dois caminhos, o do bem e o do mal, presente em tantas passagens bíblicas (cf. Dt 30,15-20; Pr 4,18-19; Mt 7,13-14). Basta evocar, aqui, o Sl 1 que enaltece o homem reto e que não segue o caminho dos ímpios, mas encontra na lei de Deus o seu prazer, e a medita dia e noite. Ecoa, também, a oração que Jesus Cristo ensinou aos seus discípulos, o Pai-Nosso. De tal forma que não basta pedir a Deus que livre do Maligno. É fundamental que cada fiel se afaste do mal, procurando o bem em tudo o que pensa, sente e faz.

Para refletir e aprofundar

Essas regras práticas serviram e servem para ajudar os fiéis a evitar os falsos profetas ou os que, dentro da própria comunidade, aproveitando-se das situações de hostilidade e de perseguição, desviam os mais fracos e vacilantes.

a) Como se faz para submeter à prova todas as coisas?
b) É preciso conhecer o mal para dele se afastar, ou basta conhecer o bem?
c) Que parâmetros assumir para definir e discernir o que é bom do que é mal?

Não se encontram tais parâmetros na 1Ts. Pode-se evocar, porém, o Decálogo (cf. Ex 20,1-17; Dt 5,6-21) e a sua síntese: o Mandamento do Amor a Deus, sobre todas as coisas, e ao próximo como a si mesmo (cf. Mt 22,34-40; Mc 12,28-34; Lc 10,25-28).

12. Assim me despeço
(5,23-28)

5²³Que o próprio Deus da paz vos santifique inteiramente, e que vossa integridade – espírito, alma e corpo – seja guardada de modo irrepreensível para a vinda do Senhor nosso Jesus Cristo. ²⁴Fiel é aquele que vos chama, e que agirá. ²⁵Irmãos, orai por nós. ²⁶Saudai a todos os irmãos com o beijo santo. ²⁷Conjuro-vos no Senhor que seja lida esta carta a todos os irmãos. ²⁸A graça do Senhor nosso Jesus Cristo esteja convosco. Amém!

O zelo e as preocupações de Paulo pelo bem-estar e crescimento na fé, na esperança e na caridade dos fiéis foram explicitados de diversas maneiras ao longo de 1Ts. Paulo não se furtou e não mediu esforços ao que é específico e próprio do ministério apostólico. Contudo, de forma bem consciente, Paulo tinha consciência de que, nessa obra, Deus, que o chamou à vocação, é o mais interessado e o mais qualificado para levá-la à sua plenitude: *Que o próprio Deus da paz vos santifique inteiramente, e que vossa integridade – espírito, alma e corpo – seja guardada de modo irrepreensível para a vinda do Senhor nosso Jesus Cristo*. Este desejo de Paulo é uma oração que conclui a parte exortativa, a exemplo de 1Ts 3,11-13, que concluiu a primeira parte da carta.

Ao dizer *Deus da paz*, Paulo reapresentou o verdadeiro autor da paz: Deus que é a paz! Com isso, declarou que a paz não é fruto de um poder humano (o imperador de Roma), mas é um dom divino que vem pelo príncipe da paz (cf. Is 9,5). Ecoam, igualmente, as palavras de Jesus sobre o dom da paz: "Eu vos deixo a paz, eu vos dou minha paz. Não a dou como o mundo a dá" (Jo 14,27). A paz verdadeira sempre é sinal da presença de Jesus Cristo Ressuscitado e Salvador no meio da comunidade: "A paz esteja convosco" (Lc 24,36); "Paz a vós" (Jo 20,19.21.26).

Deus, que possui a santidade como sua condição natural (cf. Lv 19,2), não a impõe sobre o ser humano, mas tornou-a apropriada para todos os que, em Jesus Cristo, aprendem a lhe obedecer. "Apesar de a santidade ser um elemento diferenciador em Deus e que manifesta a sua transcendência, não impede que se faça próximo do ser humano. O máximo dessa aproximação ocorreu na encarnação do Verbo de Deus. Por isso, Jesus Cristo é o consagrado a/de Deus por excelência, é o 'santo de Deus' (Mc 1,24), enviado ao mundo para comunicar de forma pessoal a santidade do próprio Deus. Pelo dom do Espírito Santo, Jesus Cristo se ofereceu como caminho de participação na santidade de Deus" (FERNANDES, 2016, p. 32-33).

Cabe ao fiel, então, zelar pela sua integridade: *espírito, alma e corpo*, isto é, pela sua unidade psicossomática e espiritual recebida na imersão no Mistério Pascal de Jesus Cristo, que é imersão na Trindade. E essa integridade, "desvínculo" com qualquer forma de maldade, deve ser mantida e preservada de forma irrepreensível para o dia do encontro definitivo com o Senhor Jesus Cristo. Chama a atenção que a tríade *espírito, alma e corpo* tenha sido usada apenas por Paulo e só nessa carta. Não há como saber, com exatidão, o que Paulo pretendeu ao fazer uso da tríade: *espírito, alma e corpo*. Contudo, ela revela a concepção filosófico-teológica sobre o ser humano redimido e preparado para a vinda do Senhor Jesus Cristo (cf. 1Cor 2,14-15).

A oração, que fora aberta com o desejo de uma ação de Deus (*vos santifique inteiramente*), foi concluída com uma certeza de quem é Deus e o que faz: *Fiel é aquele que vos chama, e que agirá*. Essa certeza de Paulo é o fundamento de toda a sua reflexão. É como já havia dito: *Conforme sabeis, tratando a cada um de vós como um pai a seu próprio filho, exortando-vos, consolando-vos e encorajando-vos para que andeis da maneira digna de Deus, aquele que vos chama para seu próprio reino e glória* (1Ts 2,11-12). A fidelidade de Deus ao seu nome e às suas promessas, como testemunhado nas Escrituras (cf. Dt 7,7-11) e plenamente realizado no Mistério Pascal de Jesus Cristo, é a garantia do agir perene de Deus na história, a favor do seu plano de amor.

O termo "irmão", particularmente no seu uso plural, é um dos mais recorrentes na 1Ts. Nesse termo encontra-se uma profunda expressão dos sentimentos de Paulo pelos fiéis de Tessalônica. Não se trata de um simples tratamento, mas da nova condição de vida alcançada em Jesus Cristo: a fraternidade. O que ao longo da carta foi um movimento de Paulo e de seus companheiros na direção dos fiéis de Tessalônica, no final está o que deles também se espera: *Irmãos, orai por nós.* O que os irmãos devem orar por Paulo e seus colaboradores? Não foi dito, mas é sabido que na oração vive-se a memória dessa relação fraterna na presença de Deus e do vivo interesse que se cultiva pelo bem da pessoa lembrada (cf. 1Ts 1,2-3; 3,11-13; 5,23).

O bem-estar da comunidade, isto é, o seu crescimento na fé, na esperança e na caridade, não foi um desejo de Paulo e de seus companheiros a um grupo seleto ou às lideranças, mas a todos os fiéis de Tessalônica. A fraternidade, livre de qualquer obstáculo, aparece significada num gesto capaz de demonstrar que todas as exortações não foram apenas ouvidas, mas assimiladas: *Saudai a todos os irmãos com o beijo santo.* O beijo santo entre os fiéis se contrapõe ao beijo que Judas deu em Jesus no ato da traição (cf. Lc 22,48). Assim, esse beijo não contém nenhum traço de malícia, mas demonstra o amor recebido em Jesus Cristo. É um gesto revelador da paz cultivada entre os fiéis a favor de toda a comunidade. Uma comunidade que se beija santamente impede que as divisões criem raízes e que a malícia circule. Com essa mesma ordem, Paulo concluiu outros escritos (cf. Rm 16,16; 1Cor 16,20; 2Cor 13,12).

A última ordem destina a carta para toda a comunidade: *Conjuro-vos no Senhor que seja lida esta carta a todos os irmãos. Esta ordem corresponde à destinação inicial: à igreja dos tessalonicenses em Deus Pai e no Senhor Jesus Cristo* (1Ts 1,1). Por um lado, esta ordem exige que alguém tenha recebido e tomado conhecimento do conteúdo da carta. Além disso, pode-se pensar que a carta chegou através de um mensageiro, mas este não foi mencionado em nenhum momento dela. Por outro lado, para que aconteça a concretização da ordem, todos os fiéis tiveram que ser informados e reunidos para ouvi-la. Em que dia da semana? Em quais circunstâncias? Nada impede de pensar no dia em que a assembleia litúrgica é convocada para celebrar a ceia do Senhor: no primeiro dia da semana, isto é, no domingo.

Na saudação inicial (1Ts 1,1) encontram-se os sujeitos emissores: *Paulo, Silvano e Timóteo*; os sujeitos destinatários: *à igreja dos tessalonicenses*; a causa da relação entre os dois sujeitos: *em Deus Pai e no Senhor Jesus Cristo*; os favores desejados: *Graça e paz a vós.*

Paulo, dessa forma, não se identificou com o único sujeito emissor da carta, mas associou a si seus colaboradores. Já na saudação final, tomou a liberdade de dizer em primeira pessoa: *Conjuro-vos no Senhor...* Com isso, permitiu-se manifestar a sua autoridade apostólica a fim de aviar um jargão que acabou por se tornar fórmula litúrgica finalizadora de outras cartas (cf. Rm 16,20; Gl 6,18; 2Ts 3,18): *A graça do Senhor nosso Jesus Cristo esteja convosco. Amém!*

A locução *graça do Senhor* permite perceber a força dinâmica que operou em Jesus Cristo, isto é, o Espírito Santo (cf. Mt 3,16; Mc 1,10; Lc 3,22; Jo 1,32-34); força desejada como favor e presença dinâmica na vida dos fiéis: *esteja convosco*; reforçada pela palavra que expressa, por um lado, o desejo de que tudo o que foi dito por Paulo, em seu nome e de seus colaborares, seja ouvido com profundo assentimento da vontade: *Amém*, isto é, "assim cremos" ou "assim seja".

Para refletir e aprofundar

Paulo, sabedor dos limites de seu escrito, por mais que tenha desejado o bem-estar dos fiéis de Tessalônica, colocou nas mãos de Deus o caminho de perfeição deles. Nada mais justo e correto, digno de quem tem e vive de fé! Como um pai que deseja entregar a filha íntegra ao seu futuro esposo, Paulo tudo fez, dentro do seu alcance, para que os fiéis estivessem esclarecidos e íntegros para o encontro com o divino esposo: Jesus Cristo.

a) Como o exemplo de Paulo tem sido seguido na Igreja?

b) Como os fiéis têm correspondido ao empenho de seus responsáveis eclesiais?

c) Como 1Ts pode ser inspiradora de uma profunda renovação na vida da Igreja?

Considerações finais

Do ponto de vista teológico, o primeiro escrito do NT possui uma rica mensagem e um mérito particular para a época: não se destinou a corrigir erros, desvios morais ou doutrinais, mas a exortar os fiéis a permanecerem firmes e a progredirem na fé que receberam através de Paulo e de seus colaboradores. Foi uma forma pastoral encontrada por Paulo para se fazer presente, porquanto impedido de voltar a Tessalônica, a fim de ajudar na percepção e formação dos fiéis a respeito dos pontos importantes e ainda faltantes para edificar a comunidade, principalmente sobre a fé e a esperança na segunda vinda do Senhor, que impele à vigilância e à caridade.

Paulo, de forma veemente e incansável, revelou o seu vivo interesse pela missão apostólica e pela evangelização dos gentios (cf. 1Ts 1,2-10). Ele ensinou, com insistência, que Deus é quem conduz o ser humano à salvação por meio da ação apostólica (cf. 1Ts 2,1-12). A mensagem que Paulo e seus companheiros de missão comunicaram, e que foi acolhida pelos fiéis, não é palavra humana, mas Palavra de Deus (cf. 1Ts 2,13), anunciada no nome e na autoridade do Senhor Jesus Cristo (cf. 1Ts 4,1-2). As razões pelas quais a Palavra de Deus foi aceita e acolhida com fé pelos fiéis foram evidenciadas ao longo de diversos momentos da carta (cf. 1Ts 1,3.8; 3,2.5.6.7.10; 5,8).

Quanto à ética cristã, Paulo não apresentou teorias, mas exortações a respeito do que é motivador da vida cristã: a santidade e a constante prática da caridade fraterna (cf. 1Ts 4,1-12). Fica evidente que o conhecimento da verdade determina o comportamento conforme a essa mesma verdade. A *parusia*, no contexto do comportamento de acordo com a fé, deve ser tomada como um elemento motivador do dia a dia da vida dos fiéis. O Senhor Jesus Cristo voltará (cf. 1Ts 4,13–5,11.23) e quer encontrar os seus fiéis acordados e vigilantes no dia da sua manifestação.

Paulo, além disso, revelou como deve ser a atividade pastoral e como os pastores devem se comportar no compromisso com os fiéis que lhes foram confiados. Os responsáveis pela comunidade possuem uma autoridade oficial, mas por ela devem ter e desenvolver um cuidado afetuoso com os fiéis, *como uma ama que nutre sua própria prole* (1Ts 2,7). Mas também como um pai que deve exortar e admoestar os filhos (cf. 1Ts 2,11). Os pastores devem estar prontos para transmitir o Evangelho, dando a sua própria vida pelos fiéis (cf. 1Ts 2,8), sem explorar a comunidade (cf. 1Ts 2,9; Ez 34).

Assim, entre Paulo e a comunidade eclesial presente em Tessalônica está o primeiro escrito do NT, pelo qual se nota o zelo do apóstolo pela vontade de Deus Pai, o amor a Jesus Cristo, Senhor e Salvador, e a docilidade ao Espírito Santo, que age com poder e infunde alegria. Preocupado com a missão evangelizadora que lhe foi confiada, a imagem de Paulo, que brota de 1Ts, é a de um íntegro comunicador do Evangelho a serviço da vida e da salvação dos fiéis.

Paulo considerou-se apenas um canal da graça divina. Seu referencial foi o Mistério Pascal de Jesus Cristo. Procurou deixar a mensagem clara em cada palavra usada. Fez predominar não a informação de notícias, mas a formação doutrinal e moral dos fiéis de Tessalônica. Desejoso de edificar solidamente a comunidade, evitou falar na primeira pessoa do singular, preferindo, ao longo da carta, a primeira pessoa do plural. Não se colocou na posição de quem manda, mas de quem serve e ama sem medidas seus irmãos na fé. A sua intenção foi a de persuadir pelo exemplo e pelo testemunho, e não pelo poder ou autoridade de sua posição apostólica.

O cerne das suas expressões e alusões estava centrado em Deus, Uno e Trino; no seu amor incondicional, manifestado em Jesus Cristo; e na alegria comunicada no Espírito Santo. Usou uma dialética envolvente, cativante e provocadora de ações. Por tudo isso, percebe-se que sua linguagem foi objetiva, sem, contudo, deixar de mostrar o valor subjetivo da sua proposta: o amor recíproco pelos fiéis de Tessalônica; amor que o converteu a Jesus Cristo e se tornou a fonte do seu vivo e pertinente interesse pela evangelização e pelo cuidado das comunidades.

Que a Igreja de todos os tempos siga o exemplo de Paulo, certa de que a graça do Senhor Jesus Cristo nela esteve, está e estará presente, viva e operante, ontem, hoje e sempre, na força e unção do Espírito Santo, para a maior honra e glória de Deus Pai!

Referências bibliográficas

BARBAGLIO, G. *As cartas de Paulo* (I). São Paulo: Loyola, 1989.

BENTO XVI (J. Ratzinger). *São Paulo*: catequeses paulinas. São Paulo: Ecclesiae, 2012.

CROSSAN, J. D.; REED, J. L. *Em busca de Paulo*: como o apóstolo de Jesus opôs o Reino de Deus ao império romano. São Paulo: Paulinas, 2007.

DONFRIED, K. P. Os cultos imperiais de Tessalônica e o conflito político em 1 Tessalonicenses. In: HORSLEY, R. A. *Paulo e o império*: religião e poder na sociedade imperial romana. São Paulo: Paulus, 2004. p. 213-220.

FABRIS, R. *Paulo, Apóstolo dos gentios*. São Paulo: Paulinas, 2001.

FERNANDES, L. A. *A Bíblia e a sua mensagem*: introdução à leitura e ao estudo da Bíblia. Rio de Janeiro/São Paulo: PUC-Rio/Reflexão, 2010.

_____. A. *Eterna é a sua Misericórdia*: reflexões bíblicas e leituras orantes. São Paulo: Paulinas, 2016.

_____. A. *Evangelização e família*: subsídio bíblico, teológico e pastoral. São Paulo: Paulinas, 2015.

_____. A. *O anúncio do Dia do Senhor*: significado profético e sentido teológico de Joel 2,1-11. São Paulo: Paulinas, 2014.

_____. A.; GRENZER, M. *Evangelho segundo Marcos*: eleição, partilha e amor. São Paulo: Paulinas, 2012.

FIORE, B. Paulo, a exemplificação e a imitação. In: SAMPLEY, J. P. (org.). *Paulo no mundo greco-romano*. São Paulo: Paulus, 2008. p. 197-221.

HOLZNER, J. *Paulo de Tarso*. São Paulo: Quadrante, 1994.

JEFFERS, J. S. *Il Mondo Greco-Romano all'epoca del Nuovo Testamento*. Cinnisello Balsamo: San Paolo, 2004.

KOESTER, H. A ideología imperial e a escatología de Paulo em 1 Tessalonicenses. In: HORSLEY, R. A. *Paulo e o império*: religião e poder na sociedade imperial romana. São Paulo: Paulus, 2004. p. 161-168.

KUHRT, A. *El Oriente Próximo en la Antigüedad, I c. 3000-330 A.C.* Barcelona: Crítica, 2000.

LISBOA, W. E. Evangelho segundo Mateus. In: *A Bíblia: Novo Testamento*. São Paulo: Paulinas, 2015.

NOUWEN, H. J. M. *Crescer*: os três movimentos da vida espiritual. São Paulo: Paulinas, 2006.

O'CONNOR, J. M. *Paulo de Tarso*: história de um Apóstolo. São Paulo: Paulus/Loyola, 2007.

_____. M. *Paulo*: biografia crítica. 2. ed. São Paulo: Loyola, 2004.

PENNA, R. Paolo scrittore. *Parole di Vita* 47/4 (2002) 4-9.

_____. *Paolo e la Chiesa di Roma*. Brescia: Paideia Editrice, 2009.

PESCH, R. *La scoperta della più antica lettera di Paolo*: Paolo revisato. Le lettere alla comunità dei Tessalonicesi. Brescia: Paideia Editrice, 1987.

SACCHI, A. et alii. *Lettere Paoline e Altre Lettere*: Torino (Leumann): Elle Di Ci, 1996.

SÁNCHEZ BOSCH, J. *Escritos paulinos*. São Paulo: Ave-Maria, 2002.

SCHNELLE, U. *Paulo*: vida e pensamento. São Paulo: Academia Cristã/Paulus, 2010.

THEISSEN, G. *A religião dos primeiros cristãos*: uma teoria do cristianismo primitivo. São Paulo: Paulinas, 2009.

Impresso na gráfica da
Pia Sociedade Filhas de São Paulo
Via Raposo Tavares, km 19,145
05577-300 - São Paulo, SP - Brasil - 2017